Las Sombras

"The Shadows"

Escrito por A.C. Quintero

Las sombras

Corre y no mires atrás

Novel by

A.C.Quintero

Cover Art by

ProStudios

Chapter Art by

Viviana Moyano (Argentina)

Copyright 2019 by A.C. Quintero. All rights reserved. No part of this book may be reproduced or transmitted in any form or by any means, electronic, or mechanical, including photography, recording, or by any information storage or retrieval systems, without permission in writing from A.C. Quintero.

Novels & Teaching Resources

Website: Novels & Resources by A.C. Quintero

Bundles & Teaching Materials

Blog: teachingspanishmadeeasy.com

Spanish Readers & Materials for Levels 1 & 2

Spanish Readers & Materials for Levels 3 & 4

Foto tomada en Hollywood, California

Agradezco a las siguientes personas que me ayudaron a realizar este libro.
Carlos Quintero, Cynthia Hitz, Sandra Prieto, Diego Ojeda, Jennifer Degenhardt, Viviana Motoya, Jisseth F., N.Hughes, & Anny E.
Agradezco a los profesores y a los estudiantes que esperaron pacientemente por la última novela de la trilogía. ¡Que la disfruten!

Las sombras
Contenido

Capítulo 1 Camilo	7
Capítulo 2 Testigo ocular	11
Capítulo 3 La visita	21
Capítulo 4 El miedo	29
Capítulo 5 La fiesta	39
Capítulo 6 La persecución	46
Capítulo 7 La forense	51
Capítulo 8 El libro	60
Capítulo 9 El nuevo sospechoso	68
Capítulo 10 La persona misteriosa	71

Segunda parte: El libro misterioso

Capítulo 11 El libro misterioso	78
Capítulo 12 La foto	85
Capítulo 13 La puerta	89
Capítulo 14 El laboratorio	98
Capítulo 15 El cajón	104
Capítulo 16 Las sombras	110
Capítulo 17 Zeum	117
Capítulo 18 Borrón y cuenta nueva	121

Capítulo 1
Camilo

Camilo se despertó desorientado. Miró a su alrededor, intentando comprender por qué todavía estaba en el bosque. La noche anterior se había escapado de su casa para ir a ver a Liliana... *la novia prohibida*.

Aunque Liliana era la novia de su mejor amigo, ella y Camilo tenían una relación secreta, que estaba a punto de revelarse. La noche anterior los dos habían decidido que iban a decirles la verdad a todos; confesar sus mentiras y su traición. Pero algo inexplicable pasó y Camilo no pudo recordar mucho.

Annotations: Camilo; still (above "todavía"); Liliana es la novia prohibida ↓ la novia de su mejor amigo

Tenía un horrible dolor de cabeza después de despertarse. Aún más misterioso tenía una sustancia negra en su brazo.
—¿Qué es esto? —se preguntó, examinándose el brazo.
De repente, notó que no podía mover bien el brazo; lo sentía casi dormido. Se levantó lentamente para caminar hacia su carro, cuando vio algo interesante a la distancia; era una persona dormida en el bosque.
—¡Liliana! —gritó mientras corría hacia ella. Por el sol brillante, no podía ver bien la cara de ella. Se le acercó y le dio un beso de buenos días para sorprenderla; Camilo siempre intentaba ser un chico romántico.
Inmediatamente, notó que el beso era diferente. **Sus labios estaban fríos[1].** En ese momento Camilo también notó que su cara estaba fría.
—¿Liliana? ¿Qué te pasa? —le preguntó asustado.
Intentó despertarla, pero ella no se despertó. «¡Está muerta!», se dijo horrorizado, mirando nerviosamente a su alrededor.
Sacó el móvil y llamó a la policía, pero terminó la llamada inmediatamente. Camilo no quería ser una persona sospechosa en la

---

[1] Sus labios estaban fríos =her lips were cold

investigación. En ese preciso momento, escuchó un ruido. Miró hacia el ruido y vio una figura oscura caminando lentamente por los árboles del bosque.

–¿Quién está allí? –preguntó, mirando intensamente hacia los árboles. La persona no respondió. A Camilo le invadió el miedo. Se levantó rápido y corrió hacia la casa de su amigo, donde hubo una fiesta anoche. *(left her)*

Después de unos minutos, llegó a la casa y llamó a la puerta.

–¡Andrés! ¿Estás allí?

No había nadie.

–¡Andrés! Ábreme la puerta –dijo al mirar hacia el bosque. Camilo tenía una sensación muy **extraña**[2], como si alguien caminara detrás de él. Cuando miró hacia el segundo piso de la casa, vio a Andrés y al resto de sus amigos. En ese momento, se sintió **aliviado**[3].

–Ábranme la puerta –les pidió.

Pero ellos lo miraron y no lo dejaron entrar. Parecía que ellos sabían que Liliana ya estaba muerta y lo acusaban a él.

–No fui yo… Estaba así cuando me desperté –dijo Camilo.

---

[2] extraña = strange, weird

[3] aliviado = relieved

En ese momento, volvió a sentir la sensación de que alguien caminaba detrás de él. Camilo se fue corriendo a su carro.

1. ¿Por qué los amigos de Camilo no lo dejaron entrar a la casa?

2. ¿Qué habrías hecho tú en la misma situación?

3. Describe cómo se siente Camilo.

Capítulo 2
Testigo ocular

Los policías Valdez y Pumarejo estaban patrullando por el pueblo el sábado por la mañana. Pumarejo estaba muy emocionado porque había terminado su preparación especial de policía y ahora podía trabajar con Valdez. Valdez era uno de los mejores policías del pueblo y naturalmente Pumarejo quería impresionarlo. Era su segunda semana trabajando juntos.

–Gracias por el café. Ya estás conociendo los mejores cafés del pueblo –dijo Valdez.

–De nada. Es un honor trabajar con usted.

—Ay, nada de «usted», tutéame, por favor. Así trabajamos con más confianza –dijo Valdez, al tomar un poco del café. Continuó hablando con Pumarejo:

—¿Qué piensas sobre el caso de la chica desaparecida? –preguntó Valdez, intentando saber si Pumarejo había leído el reporte.

—¿Alina? –respondió Pumarejo.

—Veo que has leído los reportes –dijo Valdez.

—Pues sí. Yo creo que algo le ha pasado a ella porque…

Valdez lo interrumpió:

—¡Nada le ha pasado a ella! Esa chica se fue con su novio. ¡Caso cerrado!

—¿Lo crees de verdad? –preguntó Pumarejo curioso–. Pero Alina no ha hablado ni con sus amigos ni con su familia.

—Tengo mucha experiencia en estos casos. Los jóvenes modernos son muy rebeldes. Ella se fue con su novio. Es un caso cerrado… Tengo la suerte de tener la hija perfecta. No dice mentiras y no es rebelde. En cambio, es responsable, honesta y muy trabajadora. Cuando regrese de su competencia de matemáticas, te la voy a presentar.

—¡Vaya! Hoy en día a los jóvenes les gusta ir a las fiestas y no a las competencias de matemáticas. ¿Seguro que tu hija te está diciendo la verdad? –rio Pumarejo.

–Yo dudo que mi hija haya ido a una fiesta en toda su vida. Es una chica muy responsable. De hecho, mañana va a cumplir dieciocho años.

–Va a cumplir dieciocho años. ¿Es bonita? –preguntó Pumarejo, riéndose.

Pero, Valdez no rio. Lo miró **como si quisiera matarlo**[4].

–Mi HIJA es muy bonita e inteligente, pero ella ha decidido no tener novio y concentrarse en sus estudios. Así que no tengas ideas locas –dijo Valdez mirando intensamente a Pumarejo.

–Tranquilo, era una **broma**[5] –dijo Pumarejo.

Cuando tomaron la ruta que iba por el bosque, vieron a un hombre haciendo ejercicio.

–¿A las personas de este pueblo les gusta estar en buena forma, eh? –comentó Pumarejo.

Valdez miró al hombre y lo identificó inmediatamente.

–A ese hombre le gustan muchas cosas –dijo Valdez en un tono misterioso.

---

[4] como si quisiera matarlo= as if he wanted to kill him

[5] broma= joke

—¿Quién es? —preguntó Pumarejo.
—Es el doctor Luciano Bermejo —respondió al tomar más del café. Es una de las personas más inteligentes del pueblo, pero **me da muy mala espina**[6].
—¡Vaya! Pues, ¡es verdad que tú conoces a todos en el pueblo!
—Sí, los conozco a todos —dijo Valdez, cambiando el tema—. También conozco a todas las familias y a unas chicas que, de pronto, están buscando novio. ¿De verdad no tienes novia?
—¡Ja!, Ya veo por dónde va la conversación. Me interesa una chica…
—¡¿Quién?! —exclamó Valdez—. Hemos trabajado juntos por dos semanas y no me dices nada de tu vida.
—Pues, la conocí en una fiesta hace unas semanas. Estoy casi convencido de que es la chica ideal para mí, pero no he vuelto a verla.
—¡Caramba! Ojalá que la veas de nuevo. ¿Cómo se llama «la chica especial»? —preguntó Valdez.
—Se llama… —dijo Pumarejo sin terminar la frase porque en ese momento recibieron una llamada por la radio.
—*Valdez y Pumarejo, ¿me escuchan?*

---

[6] me da mala espina= he gives me a bad vibe

–preguntó el operador.

–Sí, escuchamos –respondió Valdez.

–*Tenemos una situación crítica. Recibimos una llamada sobre un cuerpo en el bosque. Ya hemos llamado al equipo forense.*

–¿Un cuerpo en el bosque? –repitió Valdez incrédulo.

El operador confirmó los detalles.

–Ya vamos para allá –dijo Valdez.

–¿Crees que puede ser la chica desaparecida? –preguntó Pumarejo.

–Ya vamos a descubrir quién es.

Al cabo de unos minutos, llegaron al bosque junto con los otros policías. Al salir de los carros, vieron el cuerpo en medio del bosque. También, vieron que había otra persona allí. Los cuatro policías corrieron hacia la persona.

—¡No te muevas! ¡Es una orden!—gritó Valdez, corriendo hacia la persona. Al ver a los policías, el hombre sospechoso salió corriendo. Los otros dos policías corrieron detrás del hombre, pero no pudieron capturarlo.

Valdez caminó lentamente hacia el cuerpo. Cuando vio que era una chica, estaba paralizado.

—¿Estás bien? —le preguntó Pumarejo.

—Sí, claro... ¿Qué tenemos aquí? —continuó poniéndose los **guantes de latex**[7]. Se le acercó más al cuerpo y le abrió lentamente los ojos.

—¡Ayyyy! —gritó Valdez, **dando un salto atrás**[8]—. ¡La pobre chica no tiene ojos! —exclamó Valdez.

Pumarejo la miró muy bien. Ella sí tenía ojos, pero los ojos estaban cubiertos de una sustancia negra.

---

[7] guantes de latex= latex gloves

[8] Dando un salto= jumping back a bit

Pumarejo intentó removerle la sustancia negra de sus ojos cuando le gritó Valdez:
—¡Pumarejo, no toques nada! La regla más importante para un policía es no contaminar la escena del crimen. No puedes tocar nada sin guantes —dijo Valdez, dándole un par de guantes de latex.

like ash

—La sustancia negra es como una ceniza —observó Valdez, tocándola suavemente. Pumarejo estaba mirando el cuerpo cuando notó que, de un momento a otro, él no pudo mover bien su dedo.
—¿Qué te pasa? —preguntó Valdez.
—No sé. De repente, no puedo mover bien el dedo.
—Ah, no pasa nada. Es que los guantes de latex te causan alergias. El departamento compra los más económicos... Ven aquí, quiero enseñarte cómo analizar una escena del crimen —dijo Valdez.

Después de poner **la cinta de policía**[9] *(police tape)* y observar los materiales cerca del cuerpo, Pumarejo pensó un momento en la escena del crimen.
—Hay algo aquí que no comprendo... Hay una chica desaparecida, una chica

---

[9] la cinta de policía= police tape

muerta... ¿Puede haber una conexión entre los dos casos? –preguntó Pumarejo, escribiendo los detalles en su cuaderno.

–Es verdad. Tal vez la chica no se haya ido del pueblo... **Aquí hay gato encerrado**[10] –dijo Valdez.

–Tenemos que encontrar quién es el fugitivo –recomendó Pumarejo, intentando demostrar que podría ser buen policía.

–Exactamente. Los asesinos usualmente quieren estar muy cerca de la escena del crimen –comentó Valdez cuando observó otro detalle cerca del cuerpo. Lo recogió y lo examinó intensamente.

–¿Qué tienes allí? –preguntó Pumarejo.

Valdez le sonrió y le dijo:

–Ya tenemos a nuestro primer sospechoso... Es una **billetera**[11]. Mira, Pumarejo, un buen policía investiga muy bien la escena del crimen.

Mientras Valdez examinaba la billetera, vio la identificación de un chico.

–¡Caray! –gritó Valdez, totalmente sorprendido al ver la cara del chico.

–¿Quién es?

---

[10] Aquí hay gato encerrado= Something fishy is going on here

[11] billetera= wallet

–Es el hijo del doctor Luciano –respondió Valdez.
–¿El doctor que estaba haciendo ejercicio hace poco?
– **El mismísimo**[12] –afirmó Valdez.
–¿Crees que el chico tiene algo que ver con la muerte de esta chica? –preguntó Pumarejo.
Al escuchar la pregunta, Valdez miró a Pumarejo.
–Hombre, tenemos una chica muerta, un hombre fugitivo y su identificación cerca del cuerpo. Es un caso cerrado.
Poco después, llegó el equipo forense. Pumarejo y Valdez hablaron con ellos sobre las particularidades de la escena del crimen.
La conversación «científica» emocionó mucho a Pumarejo. Él ya estaba listo para tomar el control de la investigación.
–Bueno, ¡este es nuestro primer caso juntos! Voy a hacer el reporte cuando lleguemos a la estación de policía –dijo caminando hacia la patrulla.
Pero Valdez no dijo nada. Permaneció en silencio, observando el bosque, buscando más

---

[12] el mismísimo= the same exact person

evidencia. De un momento a otro, vio una casa grande a la distancia.

   –Pumarejo, aún no vamos a la estación de policía. Tenemos más preguntas que respuestas. Vamos a empezar con esa casa de allí –dijo Valdez caminando hacia la casa grande.

1. ¿Crees que Pumarejo va a ser un buen policía? ¿Por qué sí o no?

2. ¿Qué nueva palabra aprendiste en este capítulo?

3. ¿Qué encontraron los policías en el bosque?

Capítulo 3
La visita

    Cuando Pumarejo y Valdez llegaron a la casa grande cerca del bosque, notaron que unos chicos los miraban desde una ventana grande. Valdez les mostró su identificación de policía y uno de los chicos les abrió la puerta.

    –Buenos días, ¿están tus padres presentes? –preguntó Valdez.
    –Mis padres están en un crucero por el Mediterráneo. ¿Pasa algo? Tengo 17 años y tengo permiso de estar sin la supervisión de mis padres –afirmó Andrés.
    –¿Podemos pasar? Tenemos que hablar urgentemente con ustedes –dijo Valdez, mirando

hacia adentro de la casa con su «ojo investigativo».

–Sí, pasen –dijo Andrés nervioso.

Algunos de los amigos de Andrés también estaban presentes.

–¿Hubo una fiesta aquí, anoche? –preguntó Pumarejo mirando el desorden de la casa.

–Sí, anoche tuvimos una fiesta. ¿Pasa algo, oficial? –preguntó Andrés, queriendo una explicación por la visita.

–Pues sí… Encontramos el cuerpo de una adolescente en el bosque y no muy lejos de tu casa. Estamos investigando el incidente.

–¿Qué? Un cuerpo de una adolescente en el bosque? –reaccionó uno de los chicos presentes.

–Pero, ¿quién es? –preguntó otro preocupado.

Los chicos se miraron horrorizados. Tenían mucho miedo de decirle lo que había pasado la noche anterior a la policía. Todavía estaban procesando los eventos extraños.

Cuando Pumarejo vio las caras asustadas de los chicos, comprendió que ellos sabían algo, así que empezó con las preguntas:

[margin note: no ya saben]

—¿Todos ustedes estuvieron aquí anoche?
—Sí, todos estuvimos…Pero anoche, dos de nuestros amigos no regresaron a la fiesta —confesó Andrés.

Al escuchar el comentario, Valdez sacó la identificación escolar que encontraron en el bosque.

—¿Lo conocen? —les preguntó Valdez.
—Sí, es Camilo. Era el novio de Salomé —dijo Andrés, mirando a Salomé.
—¿Era? ¿Ya no son novios? —preguntó Valdez curioso.
—Sí, es correcto. Él dejó de ser mi novio cuando descubrí que él tenía una relación secreta con mi mejor amiga, Liliana. Ella también era la novia de su mejor amigo Juan —dijo Salomé furiosa.

- Salomé y Liliana eran amigas.
- Salomé y Camilo eran novios.
- Camilo y Liliana son novios secretos!
- Juan y Camilo eran amigos.
- Juan y Liliana eran novios.
- ¡Salomé le pega a Liliana!

Juan y el mejor amigo

Valdez le dijo secretamente a Pumarejo:
—Escribe 'un triángulo amoroso'. Ya tenemos otra persona sospechosa.
—Liliana —dijo Valdez—. ¿Tienen una foto de ella?
Andrés sacó el móvil y les mostró unas fotos de Liliana en Instagram. Valdez y Pumarejo se miraron sorprendidos.
Cuando los chicos vieron la expresión de Valdez, sabían inmediatamente que Liliana era la adolescente que encontraron en el bosque. Empezaron a hablar nerviosamente entre ellos mismos.
—No creo que Juan tuviera que ver con eso —dijo uno de los chicos.
—Pues, Camilo tampoco haría algo así. Los dos querían mucho a Liliana —dijo otro chico en voz baja.
—¿De qué hablan? Si ustedes saben algo, ¡hablen ahora mismo! —les exigió Valdez.
Todos se miraban en silencio cuando Andrés empezó a hablar.
—Juan se fue de la fiesta anoche. Salomé le había dicho que Camilo y Liliana tenían una relación secreta. Él se puso furioso y se fue corriendo de la fiesta… buscándola.

—Bueno, gracias por la información. Vamos a buscar a Juan ahora –le dijo Valdez a Pumarejo.
Pero, Valdez tenía la sensación de que los chicos querían decir más.
—¿Qué pasa? ¿Hay algo más? –preguntó Valdez.
—Pues sí, Camilo no estuvo en la fiesta, pero lo vimos por aquí esta mañana. Estaba intentando entrar a la casa, pero no lo dejamos entrar –dijo Andrés.
—¿Por qué no lo dejaron entrar? preguntó Valdez.
—Es que anoche, vimos cosas muy extrañas en el bosque, y teníamos miedo de abrirle la puerta a él.
—¿Cosas extrañas como qué? –preguntó Valdez, **levantando una ceja**[13].
En ese instante, Andrés les contó sobre las luces y las cosas extrañas que vieron la noche anterior.
Después de escuchar parte de la historia, Valdez miró a los otros chicos y les preguntó:
—¿Ustedes también las vieron?
—No, no vimos nada. Estuvimos aquí en la casa –dijo Salomé.

---

[13] levantando una ceja= raising an eyebrow

—Entonces, ¿solo tú viste las cosas extrañas? ¿Sabes lo que pienso yo? Yo pienso que tú estás intentando **encubrir**[14] a tus dos amigos porque ahora pueden ser los sospechosos principales de esta investigación.

Andrés interrumpió a Valdez:

—Yo no estaba solo.

Valdez miró a todos los amigos de Andrés y les preguntó:

—Entonces, ¿cuál de ustedes también vio *las cosas extrañas*?

Andrés no quería decir con quién estaba, pero no tenía otra opción.

—¡Habla chico! ¡No tengo todo el día!

—Anoche, una chica estuvo conmigo. Ella y yo estuvimos en el bosque cuando pasó todo. Ella también lo vio todo —dijo Andrés nervioso.

—¡Esto no es un juego! Necesitamos su nombre para hablar con ella. Este ya es un caso muy serio —comentó Valdez impaciente.

Después de una pausa tensa, la chica salió de la cocina, donde estaba escondida desde que llegaron los policías.

—Soy yo. Anoche, estuve con Andrés en el bosque —confirmó la chica.

---

[14] encubrir= cover up

En ese momento, Pumarejo miró muy bien a la chica: ¡Era la misma chica que había conocido hace unas semanas en la fiesta! «Ojalá que no sea una criminal. Es una chica fabulosa», pensó Pumarejo al mirarla.

—Hola —dijo Pumarejo, caminado hacia ella cuando escuchó la voz de Valdez.

—¿Marisa? ¿Hija? Yo pensé que estabas con el equipo de matemáticas de la escuela…

—¿Ella es tu hija? —preguntó Pumarejo.

Cuando Marisa miró a Pumarejo, también notó que él era la misma persona que había conocido en la fiesta. Ella le había mentido sobre su edad.

—Papá, lo siento. No hubo ninguna competencia de matemáticas. Estuve aquí en la fiesta.

—¿Qué? ¿Me mentiste?

—Lo siento, papá. Todo fue una mentira. Lo siento…

—¡Estás **castigada**[15]! No puedo creer que mi hija sea una mentirosa. ¡Qué decepcionante! Vamos a hablar de esto más tarde. ¡Me vas a oír!

Hubo una pausa incómoda en la que reinaba el silencio hasta que Marisa habló de nuevo:

---

[15] castigada = grounded

–Puedo confirmar lo que Andrés acaba de decir, es la verdad. Estuve con él y lo vimos todo.

Pumarejo estaba furioso. Él pensaba, «Por fin, conocí a una chica especial y, ¡me ha mentido sobre su edad! Y, ¡es la hija de mi jefe!»

–¡Pumarejo! –le gritó Valdez. ¿Qué te pasa? Te llamé cuatro veces. ¡Presta atención!

–Perdóname jefe –respondió.

–Vamos a ir a recoger a Juan. Andrés y los demás chicos van a reunirse con nosotros en la estación de policía.

–¡Listo mi sargento!

Al salir de la casa, Valdez les miró a Marisa y a Andrés y les dijo:

–Quiero saber cada detalle de lo que pasó anoche. QUIERO SABERLO TODO –repitió en tono de padre.

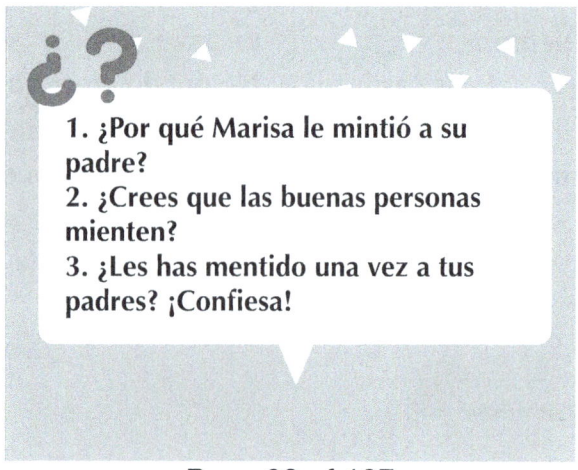

¿?

1. ¿Por qué Marisa le mintió a su padre?
2. ¿Crees que las buenas personas mienten?
3. ¿Les has mentido una vez a tus padres? ¡Confiesa!

Capítulo 4
El miedo

Camilo **manejó**[16] rápidamente a la casa. Casi no podía concentrarse porque estaba triste, preocupado y nervioso. No sabía que le había pasado a Liliana. Tampoco sabía quién era la persona en el bosque y si su vida también corría peligro, ahora.

Cuando llegó Camilo a su casa, no había nadie allí. Su padre se había ido a correr como hacía todos los sábados por la mañana; después de correr, su padre iba a trabajar con su socio. Camilo caminó por la casa, todavía intentando procesar los eventos de la mañana. Repetía una y otra vez, «*Liliana está muerta*».

Él se fue a su dormitorio. Se sentó en la cama. Empezó a llorar. Intentó mover el brazo, pero todavía lo sentía dormido. Cerró los ojos e intentaba recordar lo que pasó la noche anterior. Su memoria era como un **rompecabezas**[17] en la cual solo veía partes de los eventos de la noche anterior.

---

[16] manejó = he drove

[17] rompecabezas = puzzles

¿Qué pasó anoche?

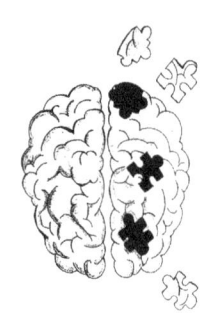

¿Por qué Liliana está muerta?

¿Yo maté a Liliana?

¿Qué va a pasar conmigo?

    Sacó su móvil y miraba fotos de Liliana. «¿Qué pasó?», se preguntaba.
    Después de unos minutos, entró al baño y se lavó el brazo, pero la ceniza no se le quitaba.
    Salía del baño buscando algo más fuerte para remover la ceniza, cuando escuchó un ruido en la cocina.
    –¿Mamá? ¿Papá? –preguntó al entrar con mucha precaución a la cocina. No había nadie allí. Escuchó el ruido de nuevo; venía del sótano. Cuando llegó al sótano, vio que la puerta no estaba **cerrada con llave**[18]; su padre nunca dejaba la puerta así.
    Abrió la puerta, y vio a su gato allí adentro.
    –¿Qué haces tú aquí? –preguntó Camilo, hablándole al gato que estaba sobre la cama.

---

[18] cerrada con llave= locked

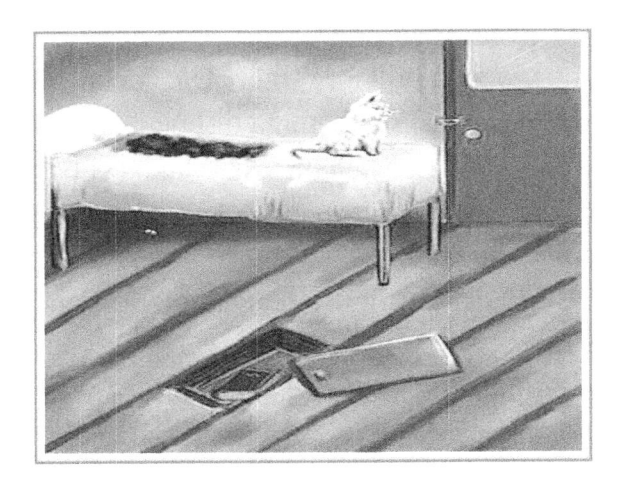

–Miau, Miau –dijo el gato, queriendo decir, «un humano irresponsable me dejó aquí en el sótano. Sácame de aquí y dame algo de comer, tengo hambre».

Cuando entró por completo al laboratorio de su padre, Camilo empezó a recordar unos detalles de la conversación con Liliana de la noche anterior:

«*Alina estaba en el sótano de tu casa*».

Liliana estaba convencida de que había visto a la chica desaparecida, Alina, en el sótano de su casa. Pero, Camilo no le creyó y pensó que ella estaba imaginando cosas. Ahora, que Liliana estaba muerta, Camilo buscó evidencia para confirmar lo que le había dicho Liliana. Miró en los gabinetes, buscó por debajo de la cama, pero no encontró nada. Salía del sótano cuando vio algo brillante en el piso. Era tan pequeño que casi no lo podía distinguir. Era un **arete**[19] en forma de la letra «A». Miraba si había otras cosas en el piso, cuando vio una **abertura en la madera**[20].

–¿Qué es esto? –se preguntó removiendo la madera.

Allí había un libro que tenía un aspecto misterioso. Había unas imágenes de fantasmas en el bosque.

–¿Qué hace mi padre con un libro tan extraño? ¿Por qué está escondido? –se preguntó.

Tomó el libro misterioso y se fue a su dormitorio. Miró las imágenes interesantes del libro. De repente, escuchó que alguien llamaba a la puerta. Caminó lentamente a la puerta. Respiró fuerte y miró por la ventana.

–¡Caray! –dijo al mirar a los dos policías afuera–. Actúa normal –se dijo a sí mismo al abrir la puerta.

–Hola, Camilo –dijo Valdez.

–Hola sargento Valdez. ¿Hay algún problema?

–Pues sí. ¿Están tus padres en casa?

---

[19] arete= earring

[20] abertura en la madera= opening in the wooden floor

—Mi padre se fue a correr esta mañana y mi madre está en el trabajo.
—¿Esta es tuya? —preguntó Pumarejo mostrándole la identificación encontrada en el bosque.
Camilo intentó levantar el brazo para recogerla, pero no podía moverlo muy bien.
—¿Qué te pasó en el brazo? —preguntó Valdez rápidamente al observar que Camilo tenía la misma ceniza negra de la escena del crimen.
—Nada... me lastimé jugando al fútbol —mintió Camilo.
—¿Ceniza negra, jugando al fútbol? ¿Dónde juegas, en una **mina de carbón**[21]? —preguntó Pumarejo como un buen observador.
Camilo estaba tan nervioso que ya no pudo responder las preguntas.
—Camilo, tienes que acompañarnos a la estación de policía —dijo Valdez
—¡Yo no maté a Liliana! —exclamó Camilo.
—¿Quién dijo el nombre de Liliana? —preguntó Pumarejo.

---

[21] **Mina de carbón** =coal mine

–Vas a contarlo todo cuando lleguemos a la estación. Yo voy a informar a tus padres que estarás allá –dijo Valdez.

Cuando Camilo entró a la patrulla, vio que Juan también estaba allí. Juan lo miró furioso y le dijo:

–¡Eres un mentiroso y un asesino! **¡Voy a arrancarte la cabeza[22]!**

–¡Yo no maté a nadie! ¡Yo quería a Liliana! –exclamó Camilo.

–¡Quietos! –les gritó Valdez–. Vamos a llegar a la estación de policía y allí van a contarlo todo.

Más tarde

Todos llegaron a la estación de policía al mismo tiempo. Tan pronto entraron a la estación, Juan le golpeó a Camilo, gritando, «¡Asesino!».

---

[22] Voy a arrancarte la cabeza= I'm going to beat you up

Camilo se defendió, golpeándolo también gritando, «No fui yo».
–¡Eres un **desgraciado**[23]. ¿Cómo pudiste traicionar a Salomé? –dijo Andrés.
–¡Eres un bueno para nada! –le gritó Marisa a Camilo.
–¿Qué está pasando aquí? –gritó Pumarejo al entrar y separarlos a los dos.
–Él es un asesino. Mató a Liliana. Ella era mi novia y él ERA mi mejor amigo –gritó Juan.
–Yo quería a Liliana. **Jamás le habría hecho daño**[24] –respondió Camilo.

---

[23] desgraciado= jerk

[24] Jamás le habría hecho daño- I would never not have hurt her

—¡Quietos! –dijo Valdez al abrir la puerta a una sala de interrogatorio–. Necesitamos saber qué pasó exactamente así que vamos a hablar con ustedes sobre los eventos. La evidencia acusa, ¡no ustedes!

Todos se sentaron. Con el permiso de los chicos, el equipo del forense entró para tomar una muestra de **ADN**[25] para eliminarlos como sospechosos.

—Miren, ustedes pueden pelear todo lo que quieran más tarde. Pero, ahora tenemos una chica muerta y otra desaparecida. Necesitamos respuestas. Queremos saber todo lo que pasó anoche. ¿De acuerdo? –confirmó Valdez.

—Empezando contigo Camilo, ¿qué pasó anoche?

—Todo es muy confuso todavía, pero me reuní con Liliana en el bosque.

—¿A qué hora?

—A eso de las diez, creo –dijo Camilo al continuar su versión de los eventos:

—Ella salió de la fiesta y nos reunimos en el bosque. El plan era decirle a Juan sobre nuestra relación secreta.

—Era mi novia, ¡canalla!–gritó Juan.

---

[25] ADN= DNA

–Juan, sé qué estás afectado, pero necesitamos saber lo que pasó –le dijo Valdez.

Camilo continuó con su versión de los eventos:

–Pues, estábamos sentados, frente al lago cuando escuchamos un ruido que venía del bosque. Me levanté y fui a ver lo que era.

–¿Qué viste? –preguntó Pumarejo.

–Había algunos animales jugando y eso fue todo. Continuamos la conversación, y poco después escuchamos el ruido de nuevo. Me levanté y entré al bosque… Una persona se me acercó y no recuerdo qué pasó después.

–¿Viste a la persona? –preguntó Pumarejo.

–No pude ver nada. Deberíamos haber salido, pero quería impresionar a Liliana. Quería protegerla y no lo hice.

Pumarejo escribió la nueva información.

–Cuando me desperté esta mañana, tenía un dolor de cabeza. Vi a Liliana y cuando fui a abrazarla y besarla, noté que no estaba viva –dijo Camilo, llorando.

En ese momento, sus amigos notaron que él no pudo haberla matado.

–¿Y no se te ocurrió llamar a la policía? –preguntó Valdez.

–Llamé a la policía, pero terminé la llamada rápidamente porque pensé que yo iba a ser el principal sospechoso. Ella estaba muerta y no había nada que pudiera hacer –contestó Camilo.

Valdez miró a Camilo intentando determinar si podría ser responsable por la muerte de Liliana. Al cabo de unos segundos, Valdez dejó de mirar a Camilo y se enfocó en Andrés y Marisa.

–Ahora, quiero escuchar la versión de los eventos de ustedes. Y quiero saberlo todo –enfatizó Valdez.

Andrés se puso muy nervioso.

–Sí, está bien. Les voy a contar todo lo que pasó anoche –dijo Andrés, mirando a Marisa.

¿?

1. ¿Qué tenía Camilo en el brazo?
2. ¿Qué encontró Camilo en el sótano de su casa?
3. Piensa en la reacción de Juan, ¿crees que la reacción de Juan fue exagerada?

Capítulo 5
La fiesta

Valdez miró intensamente a Andrés porque él tomaba mucho tiempo en hablar.

–¿Qué esperas? ¡Habla! –gritó Valdez.

–Pues, como mis padres están de vacaciones, yo tuve una fiesta muy grande en mi casa. Quería tener la oportunidad de hablar con Marisa. la hija

Valdez lo miró furioso cuando escuchó el nombre de su hija.

–¿A qué hora llegaron tus amigos? –preguntó Pumarejo.

–Entre las siete y las ocho de la noche.

–¿Qué pasó después? –continuó preguntando Pumarejo.

—Pues, Marisa y yo bailamos durante tres canciones. Cuando terminó la última canción, salimos de la casa.

—¿A dónde fueron? —preguntó Pumarejo.

—Fuimos por la ruta que va hacia el bosque —respondió Andrés—. Caminamos por el bosque hasta llegar a un **banquillo**[26]. Nos sentamos allí. Marisa contemplaba las estrellas, mientras yo la contemplaba a ella. **Aprovechando**[27] el momento tan romántico, me acerqué más a ella y la besé.

Cuando Andrés confesó que había besado a su hija, Valdez pensó que iba a

---

[26] banquillo=bench

[27] aprovechando= taking advantage of

explotar en **mil pedazos**[28]. Aunque Marisa iba a cumplir dieciocho años, era todavía su princesa preciosa.

—El beso fue… —dijo Andrés sin terminar la frase porque Valdez lo había interrumpido:

—¡No quiero escuchar nada del beso entre tú y mi hija! —exclamó Valdez, tocando su pistola.

Andrés comprendió el mensaje y continuó hablando:

—Bueno, después del beso, abrí los ojos un poco y vi unas **luces**[29] desapareciendo a unos metros de distancia de donde estábamos.

—¿Cómo era la luz? —preguntó Pumarejo.

—Era muy brillante. Parecía una **estrella caída**[30]. Fue muy bonita, por eso queríamos acercarnos para ver lo que estaba pasando —comentó Andrés.

Pumarejo escribió la información en su cuaderno. Él también había recordado las estrellas brillantes de anoche.

Andrés continuó hablando:

—Entonces, caminamos hacia la luz. Cuando llegamos al lago, vimos a dos personas sentadas

[28] mil pedazos= a thousand pieces

[29] luces= lights

[30] estrella caída = fallen star

cerca del lago. Ahora sabemos que eran Camilo y Liliana –dijo Andrés, mirando a Camilo.

–¿A qué hora vieron a Camilo y a Liliana? –preguntó Pumarejo intentando establecer un **cronograma**[31] de los eventos del crimen.

–Eran como las diez u once de la noche.

–Camilo, ¿era la hora más o menos que tú y Liliana estuvieron en el bosque? –preguntó Valdez.

–Sí, era esa hora.

–Lo que les pasó a Camilo y a Liliana coincide con las cosas extrañas que vimos en el bosque –dijo Andrés, haciendo la conexión. Porque justo después de verlos a ellos, ¡las cosas se volvieron aún más extrañas!

–Explícate –dijo Pumarejo.

–Pues, después de ver la luz brillante, había una nube negra y redonda flotando sobre el lago. Otra luz entró en la nube. Entonces, notamos que la nube empezó a expandirse. Sorprendidos, nos quedamos paralizados mirando esa nube expandirse –concluyó Andrés.

–Y eso no fue todo –dijo Marisa, entrando en la conversación–. De repente, escuchamos que alguien corría hacia nosotros,

---

[31] timeline = cronograma

pero no lo pudimos ver –dijo con la voz temblando como si viviera la experiencia de nuevo.

–Está bien, hija. Toma tu tiempo.

–Era horrible papá. Pensé que me iba a morir –dijo asustada–. Vimos unas figuras que se movían muy rápido. Era algo que nunca habíamos visto.

–Unas figuras… ¿Eran como personas grandes? –preguntó Pumarejo.

–No, no eran personas… No sabemos qué eran, pero se movían rápido y venían de esa nube. Teníamos tanto miedo que nos escondimos y las observamos. Eran como si flotaran por el bosque… Y no estaban solas.

–¿Qué quiere decir que no estaban solas? –preguntó Pumarejo.
   –Había alguien con ellas –dijo Marisa. Valdez, Pumarejo y los chicos escucharon con mucha atención. Aunque Marisa les había dicho a las personas en la fiesta la misma versión anoche, escucharla otra vez, fue una experiencia aterradora.
   –Camilo, dijiste que alguien más estuvo en el bosque contigo verdad?
   –Sí, una persona se me había acercado. Valdez lo escribió en su cuaderno. Miró a Marisa para que continuara con su versión de los eventos. Ella continuó hablando:
   –Saqué el móvil para tomar una foto para mandársela a mis amigos… en caso de que no sobreviviéramos.

Después de tomar la foto, se me cayó el móvil. Al caer en el bosque se hizo un ruido. Las figuras oscuras **se dieron la vuelta**[32]. Miraron hacia nosotros y en ese momento supimos que teníamos que correr y no mirar hacia atrás.

1. ¿Has tenido una experiencia aterradora? ¿Qué pasó?

2. ¿Piensas que los policías van a creer la versión de los eventos? ¿Tú la creerías?

---

[32] se dieron la vuelta =they turned around

Capítulo 6
La persecución

Marisa continuó narrando los eventos aterradores de la noche anterior:

–Corríamos muy rápido, cuando de repente me caí.

–Y tú, ¿dónde estabas? –le preguntó Valdez a Andrés.

–Yo no estaba con ella en ese momento, porque necesitaba usar el inhalador de asma.

–Marisa, ¿la figura oscura estaba allí contigo? –le preguntó Pumarejo.

–No, no estaba allí, pero yo no estaba completamente sola. Había un animal muerto a mi lado. Me levanté rápido, cuando me di cuenta de que tenía algo en la mano. Al principio, pensé que era sangre del animal, pero parecía como ceniza.

–¿Ceniza? –preguntó Pumarejo mirando a Valdez–. ¡Qué casualidad! Encontramos ceniza sobre la ropa de Liliana.

–Y eso no fue todo. Por el resto de la noche, no podía mover la mano por causa de la ceniza –dijo ella.

–¿Puedo ver? –preguntó Pumarejo, tomando la mano de Marisa y examinándola. Al instante, Pumarejo recordó algo importante:

–Lo mismo me pasó a mí después de tocar los ojos de Liliana –dijo Pumarejo.

–Yo tampoco pude mover mi brazo poco después de tocar a Liliana –anunció Camilo.

–Qué extraño –dijo Valdez haciendo la conexión–. Eso lo tenemos que investigar. ¿Qué pasó después, hija?

–Gateamos[33] a un lugar con mucha vegetación en el bosque mientras las figuras nos buscaban. Hacían sonidos para comunicarse. De repente, vimos a un hombre caminando por el bosque. Queríamos alertarlo, para decirle sobre las figuras, pero poco después el hombre se acercó a las figuras.

–Puede ser la misma persona que Camilo había visto –dijo Valdez.

–Es más… El hombre empezó a hablar con las figuras oscuras… en un idioma incomprensible. Fue cuando nos dimos cuenta de que el hombre estaba con ellos.

–¿Cómo era el hombre? –preguntó Pumarejo.

---

[33] gateamos =crawled

–No le vimos la cara, solo lo escuchamos hablar en el idioma incomprensible –respondió Marisa.

–Hija, ¿puedes recordar el aspecto físico del hombre? Lo que nos estás diciendo es muy serio. Necesitamos saber quién era el hombre, porque él pudo haber sido la última persona que vio a Liliana –dijo Valdez.

Marisa intentó recordar más detalles sobre el hombre misterioso.

–¡Escuché su voz! Yo podría identificar su voz si la escuchara otra vez –exclamó Marisa.

–Muy bien, hija. Vamos a encontrar a ese hombre, **cueste lo que cueste**[34]. Entonces, ¿qué hizo el hombre?

–En ese instante, el hombre se fue a otra parte del bosque, pero algunas de las figuras se quedaron en el área. Esperamos un poco. Y después de unos minutos, escuchamos el grito de una mujer. Aterrados, salimos corriendo muy rápido y las figuras nos vieron y, de repente ¡estaban detrás de nosotros! Mientras corríamos, yo sentí la presencia muy cerca de mí… ¡Intentaba agarrarme! –gritó Marisa muy afectada.

---

[34] cueste lo que cueste= at whatever cost

–Está bien. Nada te va a pasar –dijo Valdez, abrazando a su hija.

–**Menos mal**[35] que ustedes pudieron llegar a la casa de Andrés. ¿Y esas cosas «misteriosas» intentaron entrar a la casa? –preguntó Valdez.

–No, no intentaron entrar a la casa. Cuando llegamos, cerramos las puertas, las ventanas, **apagamos**[36] las luces y esperamos todos juntos en el segundo piso. Pensamos que iban a entrar por la puerta del patio en cualquier momento. Es por eso que no regresamos a nuestras casas y nos quedamos en la casa de Andrés –dijo Marisa.

–Y el grito, ¿fue de una de las figuras oscuras que vieron? –preguntó Pumarejo.

Al escuchar la pregunta, Marisa miró a Andrés. En ese preciso momento ella se dio cuenta de un detalle importante.

–El grito… ¡Claro, el grito!… ¡Fue de Liliana! –exclamó Marisa al hacer la conexión.

Ella empezó a llorar y todos la abrazaron, intentando reconfortarla.

–Hija, todo va a estar bien. No te preocupes. Yo voy a ocuparme de que…

---

[35] menos mal = thank goodness

[36] apagamos = we turned off

Antes de terminar la frase, Valdez fue interrumpido por un policía que había entrado en la sala de interrogatorio.

—Sargento, es la forense. Ella necesita hablar con usted. Me dijo que es muy importante.

—Bueno, dígale que me llame en dos minutos. Después, Valdez miró a Pumarejo y le dijo:

—Pumarejo, buen trabajo y muy buenas preguntas. Vas a ser un policía ejemplar.

Pumarejo se sentía **culpable**[37] por no haberle dicho que había conocido a su hija en una fiesta.

—Valdez, espera… Hay algo que tengo que decirte —dijo Pumarejo.

Marisa y sus amigos miraron a Pumarejo. El miedo le invadió a Marisa porque ya había recibido un castigo por mentirle a su padre.

—Habla —dijo Valdez.

—Hay algo que debes saber. Pues, yo… —dijo Pumarejo, pero en ese mismo instante, la forense regresó la llamada.

—Espera un momento. Tengo que hablar con la forense —dijo al tomar la llamada.

---

[37] culpable= guilty

Capítulo 7
La forense

Valdez aceptó la llamada con la forense.
—Aló, sí soy yo... Hola, doctora. De acuerdo, este es un caso difícil... Ah, encontraron un móvil. Creo que es el móvil de mi hija... Sí, es de mi hija... Es muy complicado, pero anoche, ella estuvo en el bosque con un... amigo... Sí, no hay problema.... Podemos enviarle la contraseña ahora y usted puede enviarnos las últimas fotos tomadas con el móvil... Ah sí, ¿ya hicieron los análisis iniciales? Ustedes trabajan muy eficientemente. ¿Qué encontraron? –preguntó Valdez.
La doctora le habló sobre los análisis. Después, hubo una breve pausa; ella le dio información sorprendente.
—¿Cómo? –reaccionó Valdez a lo que le acababa de decir la forense... Entonces, la ceniza... no comprendo el lenguaje científico, **hábleme en castellano**[38].
La forense le contó sobre los análisis iniciales.

---

[38] Háblame en castellano= speak plain Spanish to me

–¿Me está diciendo que… la ceniza negra que encontramos en Liliana y Camilo….
Pero, la forense completó la frase. Valdez tenía los ojos bien abiertos. Tomó su cuaderno y eliminó los nombres de Camilo y de Juan de la lista de los sospechosos.
–Entonces, ¿cuál fue la causa de su muerte? Sabemos ahora que había otra persona en el bosque la noche de la fiesta.
En ese momento la forense le dijo algo aun MÁS sorprendente a Valdez.
–¡¿Qué?! –gritó Valdez completamente sorprendido por la información. ¡Es imposible! ¡¿Qué está pasando en este pueblo?! –exclamó Valdez.
En ese momento, Marisa y Andrés se acercaron a la puerta para escuchar secretamente la conversación entre Valdez y la forense.
Después de una pausa le dijo:
–Yo voy a pasar por su oficina ahora mismo. Tengo que verlo con mis propios ojos –dijo Valdez al terminar la llamada telefónica.
Inmediatamente después, hizo unas llamadas importantes. Salió de la pequeña oficina y los chicos estuvieron allí con Pumarejo.

—¿Qué le dijo la forense? —preguntó Andrés.

Valdez no le respondió porque estaba todavía en shock, procesando la nueva información.

—Papá, ¿qué ha pasado? ¿Qué te dijo la forense? —repitió Marisa.

—No les puedo decir nada ahora. Tengo más preguntas que respuestas en este momento. Chicos, ahora este es un caso especial y necesitamos su total discreción. ¡Ni una palabra a nadie! No podemos alertar al pueblo todavía... Y por supuesto, no quiero ver nada en las redes sociales. ¿Comprenden?

—Sí, comprendemos, pero ¿qué fue lo que pasó? ¿Qué fue lo que vimos allí afuera? —preguntó Andrés.

—Todavía no sabemos —dijo Valdez.

Y él no pudo decirles todo lo que le había dicho la forense.

Se abrió la puerta de la estación de policía y entró un hombre alto. Valdez lo miró desde el lugar donde todos estuvieron reunidos. Valdez caminó inmediatamente hacia el hombre y le dijo:

—Pues, **vaya, vaya**[39]. Luciano Bermejo. Ya terminamos de interrogar a su hijo.

—Y ¿todo está bien? ¿Algún problema con mi hijo? –preguntó Luciano.

—No, todo lo contrario. Nos está ayudando con la investigación –dijo Valdez.

—¿De la chica muerta en el bosque? –preguntó Luciano.

—¿Cómo sabe usted sobre el caso de la chica muerta en el bosque? –preguntó Valdez, muy curioso.

—¡Vaya! Valdez, usted es un buen policía. Me llamó la forense para que le ayudara a examinar el cuerpo. Y naturalmente le pregunté acerca de las circunstancias de su muerte –dijo Luciano.

—Comprendo –dijo Valdez, no totalmente convencido–. Ahora que lo pienso bien, lo vi a usted esta mañana cerca del bosque, haciendo ejercicio.

—**Acaso**[40], ¿es un crimen hacer ejercicio? –preguntó Luciano.

—No, no lo es, pero es ilegal saber algo sobre un crimen y no revelárselo a la policía.

---

[39] vaya, vaya= well, well, look who we have here

[40] acaso = by chance

–Esta mañana, no vi nada. Estaba haciendo ejercicio. Y tengo testigos: usted y su compañero me vieron… Mire, no tengo tiempo de entrar en su juego de «buen policía», solo vine a ver si mi hijo está bien –comentó Luciano.

Los chicos se acercaron a la conversación.

–Ya puede llevarse a su hijo –dijo Valdez.

Camilo se fue con su padre. Andrés, Salomé y los otros amigos salieron juntos.

–Pumarejo, ¿te puedo pedir un favor? –preguntó Valdez.

–Sí, como no.

–¿Puedes llevar a Marisa a la casa? Estoy esperando otro mensaje de la forense.

–Con mucho gusto mi sargento.

–Gracias, eres un compañero excepcional –dijo Valdez–. Hija, estás castigada. No salgas de la casa.

En cuanto Pumarejo se fue con Marisa, Valdez escuchó una notificación en la computadora. Era el mensaje que esperaba de la forense; eran las fotos del móvil de Marisa.

Las fotos tomaron unos minutos en **descargar**[41]. –¿Qué demonios es esto? – dijo

---

[41] descargar= download

Valdez al mirar las cosas misteriosas en las foto.
–...Las Sombras –dijo al mirar otra vez.

Valdez había escuchado los rumores sobre las Sombras. Era una leyenda que los padres les narraban a sus hijos para que ellos no fueran al bosque por la noche. Se suponía que estas figuras fantasiosas vivían en el bosque y que en ciertas épocas, salían para capturar a los niños. Era solo una leyenda de su viejo pueblo, pero entre más miraba Valdez la pantalla, más parecía ser una realidad.

–No puede ser... Es una leyenda. –dijo Valdez, al estudiar las fotos.

Después de unos minutos pensativos, llamó a Pumarejo por la radio:

–Tengo que decirte algo –dijo Valdez.
–Espera… Valdez…
–No puedo esperar. Escucha bien. Ya recibí las fotos de la forense. Las imágenes son muy preocupantes y vamos a necesitar un equipo especial. Reunámonos allí en la oficina de la forense –dijo Valdez, y continuó contándole sobre la ceniza entre otras cosas importantes que le había dicho la forense.
–Bueno, está bien. Te veo en la oficina de la forense –le dijo Pumarejo a Valdez.
–De acuerdo, y ni una palabra de todo esto. Puede que el incidente sea algo sobrenatural –le dijo Valdez a Pumarejo.

Lo que no sabía Valdez era que Pumarejo todavía no había dejado a Marisa en casa. Ellos se quedaron en el carro para hablar. Marisa le estaba pidiendo perdón por haberle mentido y le pidió que lo olvidara todo y que no hablara con su padre. Como resultado, ella lo había escuchado todo.

Después de hablar con Valdez, Pumarejo miró a Marisa y le dijo:
–Ni una palabra de lo que dijo tu padre. Yo puedo tener muchos problemas con él. Vete a la casa y no salgas de allí. No sé qué está pasando en el pueblo.

–De acuerdo –respondió ella mientras salía del carro. Ella no podía creer lo que había escuchado.
 –Oye –le gritó Pumarejo–. Si no te veo mañana, feliz cumpleaños.

La investigación
 Valdez y Pumarejo fueron a hablar con la forense y ella les dijo cosas aún más extrañas sobre la muerte de Liliana. Por el aspecto interesante del caso, tuvieron que transportar el cuerpo de Liliana a un laboratorio para estudiar mejor las circunstancias de su muerte. Con ese objetivo, llegó un equipo particular al pueblo para trabajar con los policías.
 Todos en el pueblo se sorprendieron con la presencia de tantas personas científicas y con sus instrumentos especiales. Con tanta actividad en el pueblo, Valdez se enfocó en su nueva misión: espiar al doctor Luciano Bermejo. La interacción tensa entre ellos en la estación de policía lo hizo aun más sospechoso. Y aún más porque el doctor Luciano era uno de los doctores en el equipo especial. ¡Vaya casualidad!
 El pueblo sabía que Liliana había muerto, pero aun no se sabía cómo. Entre los jóvenes, había rumores de un asesino en serie; Pero, las

personas mayores empezaron a hablar sobre la leyenda de las Sombras.

A su vez, Marisa estaba en shock después de escuchar la conversación entre Pumarejo y su padre. Al día siguiente, tuvo el cumpleaños más raro del mundo porque no hablaba con nadie y no podía salir de la casa. Por suerte, su padre le había regresado el móvil, pero ella no quería hablar con nadie. Se quedó en su dormitorio pensando en lo que iba a hacer.

Aunque ella le había dicho a Pumarejo que no diría nada, se sentía obligada a hablar con sus amigos. Miró su móvil y debatía si debería hablar con sus amigos sobre la nueva información clasificada o si debería guardar el secreto.

1. ¿Marisa debería contárselo todo a sus amigos, o debería guardar el secreto?

2. ¿Cuáles son las ventajas y desventajas de contar el secreto?

Capítulo 8
El libro

Más tarde ese día, Salomé fue a la casa de Liliana para visitar a su madre. Cuando la madre de Liliana le abrió la puerta, Salomé le dio un abrazo fuerte y le dijo:
—Mi más sentido pésame[42].
—Gracias, han sido unos días terribles —dijo la madre, llorando.
—Solo quería decirle que si usted necesita algo, puede contar conmigo y con mi familia —ofreció Salomé.
—Gracias… No sé qué voy a hacer sin mi Liliana – dijo la madre. Salomé la abrazó de nuevo.
—Gracias, Salomé. Sé que tú y Liliana habían tenido problemas, pero ella te quería como una hermana.
—Yo sé, Liliana tenía un corazón grande —dijo Salomé, intentando decir buenas cosas sobre la mejor amiga que le había robado el novio.
— Ven, quiero darte algo —dijo la madre al caminar hacia el dormitorio de Liliana.

---

[42] Mi sentido pésame= my condolences

Entraron al dormitorio de Liliana y el aroma de su perfume saturaba el aire. Fue como si ella todavía estuviera allí. La madre de Liliana abrió el armario y en el piso había unos libros.
—¿Puedes llevar esos libros a la biblioteca? —preguntó la madre en un tono triste.
—Sí, por supuesto —respondió Salomé.
Hubo una pausa. La madre miró fijamente a Salomé.
—Salomé... sé que lo que te voy a decir, te va a parecer muy extraño, pero siento que Liliana no está muerta. La siento aquí conmigo —comentó la madre.
Salomé no sabía qué decir. Ella buscaba las palabras perfectas para ese momento tan incómodo. La madre continuó hablando:
—Perdóname... Yo no sé qué pensar... Liliana era mi única hija, era mi bebé —dijo la madre llorando otra vez.
—Yo comprendo. Yo la siento aquí también —mintió Salomé, intentando reconfortarla.
—Señora... —dijo Salomé, queriendo decirle más, pero ella había recordado las palabras de Valdez: «Ni una palabra a nadie».
En ese instante, alguien llamó a la puerta.
—Regreso en un momento —dijo la madre al salir del dormitorio.

Salomé empezó a recoger los libros. Cuando los movió, vio algo brillante en el armario. Era una **caja**[43] con una **cerradura de plata**.[44] La abrió lentamente para ver sus contenidos. Había lo usual: unas fotos de Liliana y unas tarjetas de cumpleaños. Salomé tomó una de las tarjetas y la leyó. Sonrió mientras pensaba en la buena relación que habían tenido con Liliana.

Cerró la caja y la puso donde estaba, pero en ese momento vio que había un libro rojo que estaba escondido debajo de la caja.

Salomé lo miró brevemente. No quería abrirlo, pero ella no podía resistir: era el diario de Liliana. Quería leerlo para satisfacer su

---

[43] caja = box

[44] cerradura de plata = silver-plated lock

diary

curiosidad. Ella sabía que todos los secretos de Liliana y Camilo estaban en ese diario. Tomó el diario y lo miró intensamente. Después de unos segundos pensó, «Leer el diario de una persona muerta debe ser de mala suerte». Hubo una pausa. Ella lo pensó de nuevo, pero después de unos segundos, **se entregó a la tentación**[45]. Estaba abriendo el diario, cuando escuchó la voz de la madre de Liliana.

 Salomé escondió rápidamente el diario en su mochila.

 –Era el psicólogo de Liliana –dijo la madre hablando de la visita–. ¿Quieres algo de tomar?

 –No… Gracias… Ya me iba –dijo Salomé caminando hacia la puerta del dormitorio.

 –Salomé, … –dijo la madre con un tono curioso–. ¿Has visto el diario de Liliana?

 Salomé se puso nerviosa inmediatamente y se preguntó si la madre la había visto poner el diario en su mochila.

 –¿Liliana tenía un diario? Yo no lo sabía –mintió.

 –Sí, ella tenía un diario –dijo la madre mirando alrededor del dormitorio.

---

[45] se entregó a la tentación= gave into the temptation

–Yo puedo ayudarla a buscarlo –ofreció Salomé.

–No… Está bien, lo haré más tarde. El sargento Valdez quería los objetos personales de Lili para la investigación y pensé que el diario podría revelar algo que no sabíamos. ¿Quién pudo haber matado a mi querida Lili? ¿Crees que Juan tuvo algo que ver en eso? Se fue del pueblo con sus padres –dijo la madre, llorando.

–Juan la quería mucho. Sus padres están muy nerviosos, por eso se fueron –dijo Salomé.

Salomé la abrazó de nuevo, pensando en los eventos del bosque. Pero ella no pudo decirle nada a la madre porque ya era una investigación clasificada.

–Perdón… te acompaño a la puerta. Gracias por llevar los libros de Lili a la biblioteca –dijo la madre.

–De nada –dijo Salomé al salir de la casa.

Cuando Salomé estaba lo suficientemente lejos de la casa, ella empezó a devorar las páginas del diario. Liliana escribió lo siguiente:

«*No puedo creer que mi madre esté saliendo con el doctor Rodríguez. ¡Es mi psicólogo! De todos los hombres libres*

mom on secret dates

en el pueblo, ¡ella tiene que salir con él! Ella piensa que yo no sé sobre sus citas secretas».

Salomé pensó en la visita en la casa de Liliana. –¡**Con razón**[46] el doctor Rodríguez estaba allí! –dijo ella al conectar la información. En el diario, Liliana escribió sobre la escuela y su relación problemática con Juan. Poco a poco Salomé estaba llegando a las partes más escandalosas del diario: La relación secreta entre Liliana y Camilo.

«*Hoy pasé tiempo con Camilo, ¡nos vimos dos veces esta semana! Me escribió un poema muy romántico. Más tarde voy a ayudar a Salomé con las matemáticas. Quiero decirle la verdad, pero no puedo. ¿Cómo puedo decirle a mi mejor amiga que estoy enamorada de su novio? Ojalá que un día me perdone.*»

«*Hoy, Camilo y yo nos reunimos en la biblioteca y tuvimos nuestro segundo beso. Me siento culpable. Soy una mala*

---

[46] con razón = no wonder

persona.» [guilt]

Salomé dejó de leer por un segundo. Se sintió muy triste. Leyó un poco más, porque necesitaba encontrar información que podría ser relevante a la muerte de Liliana. En ese preciso momento, un nombre le llamó la atención. Era Nico.

«*Nico me dijo hoy que mi vida corría peligro. Tengo miedo*».

–¿Qué? –reaccionó Salomé intentando pensar cómo y por qué la vida de Liliana corría peligro. Salomé conocía a Nico, pero no sabía que él y Liliana eran amigos. Continuó leyendo cuando, de repente, alguien la agarró por el brazo.

–¿Por qué no respondes a mis mensajes de texto ni contestas mis llamadas telefónicas? He estado intentando hablar contigo todo el día –dijo Camilo.

–¡Es obvio que no quiero hablar contigo! ¿Qué quieres conmigo? Estoy leyendo, como me has traicionado, ¡con mi mejor amiga!

–¿Tienes el diario de Liliana? –preguntó Camilo al ver el libro.

–No, es una novela romántica y mi novio es el personaje principal –dijo Salomé sarcásticamente.
–Lo siento. Nunca fue mi intención –dijo Camilo triste.
–Aléjate de mí. ¡No me toques, **desgraciado**[47]!
–Salomé, hay algo que debes saber. Encontré algo importante que…
–A mí no me importa. ¡NO QUIERO VERTE!
–Salomé, tenemos que hablar urgentemente… –dijo Camilo al irse.

1. ¿Salomé debería hablar con Camilo?
2. ¿Por qué Salomé está furiosa con Camilo? ¿Crees que ella debería «superarlo»?
3. ¿Tú hablarías con alguien que te hubiera traicionado?

*superarlo = get over it

---

[47] desgraciado= jerk

Capítulo 9
El nuevo sospechoso

Salomé llegó a casa. Estaba mentalmente exhausta y furiosa después de hablar con Camilo. Entró a la cocina y se preparó algo de comer.

—Hola hija, por fin estás en casa. ¿Cómo estás? —preguntó su madre.

—Estoy bien.

—En el pueblo, no se habla mucho sobre lo que le pasó a Liliana. ¿Has visto a los policías en el pueblo? ¿Sabes algo de la investigación? ¿Qué le pasó?

—No nos han dicho nada —mintió Salomé, mirando su móvil. Había recibido un mensaje de Marisa.

En ese momento, su madre la abrazó y le dio un beso bien grande.

—Eres mi princesa… y me moriría si algo te pasara. ¿Me oyes? Ten cuidado —le dijo abrazándola muy fuerte.

—Hija, mañana tengo que estar en el trabajo muy temprano. Hay unos panes con queso para el desayuno… No salgas de la casa.

—Gracias, mamá. Está bien. No voy a salir.

Después, Salomé se fue directamente a su dormitorio y continuó leyendo el diario. Para su sorpresa, otro nombre le llamó la atención; era el señor Luciano Bermejo, el padre de Camilo. Salomé se quedó con la boca abierta.

«Hoy vi cosas horribles en la casa de Camilo. *Alina, la chica desaparecida, estaba en el sótano! Ella no parecía estar viva y tenía algo negro que cubría los ojos. El padre de Camilo estaba allí, con otra persona. Los dos me vieron. Tengo miedo. Creo que vi algo prohibido*».

Salomé se levantó de inmediato de su cama. Estaba sorprendida porque no podía creer lo que leía. Lo leyó una y otra vez: «¿El señor Luciano Bermejo?» –dijo en voz baja mientras leía el diario.

Luego pensó en la ceniza negra que tenía Camilo en su brazo. En ese momento, recibió un mensaje críptico de Marisa. Estaba respondiendo al mensaje de Marisa, cuando escuchó un ruido que venía del armario.

Caminó lentamente hacia el armario para ver lo que era. Entre más se acercaba al armario, más miedo tenía. Cuando abrió la puerta, salió una figura oscura. Antes de que ella pudiera gritar, una mano le cubrió la boca.

Capítulo 10
La persona misteriosa

Salomé le golpeó fuertemente la figura oscura que salió del armario. No era una figura sino un chico. Intentó morderle la mano para escaparse. Las clases de karate la ayudaron en ese momento. Golpeó muy fuerte a la persona y le torció el brazo. Lo tenía atrapado en el piso cuando la persona le gritó:

–¡Suéltame!… ¡Soy yo!

En ese momento, se dio cuenta de que era Camilo.

—¡¿Por qué estás aquí en mi dormitorio?! —preguntó Salomé.
—Necesitaba hablar contigo. Tengo que mostrarte algo —le dijo Camilo.
—Camilo, ¡sal de mi casa ahora mismo! Ya te dije que no quiero hablar contigo. Nada ha cambiado desde la última vez que te vi —le dijo Salomé.
—Salomé, tienes que escucharme. Mira eso y si después de mirarlo, no quieres hablar conmigo, me voy. Pero, tienes que verlo primero.
Salomé se sentó sobre la cama y miró el libro grande que tenía Camilo.
—¿Qué es eso? —preguntó ella al mirar las imágenes. Pero antes de que Camilo pudiera responder, ella hizo una conexión:
—¡Espera, estas imágenes son similares a lo que vieron Marisa y Andrés… ¿Dónde conseguiste este libro?
—Estaba en el sótano de mi casa. Al ver las imágenes, recordé un poco de lo que me había pasado esa noche. Estas figuras estaban allí —dijo Camilo.
Salomé miró muy bien las imágenes, mientras Camilo continuó explicando:
—Pensé que me estaba imaginando las cosas, pero ¡no era un sueño! Yo las vi también

la noche de la fiesta... pero, no me hicieron nada. ¿Por qué mataron a Liliana y no a mí? –preguntó Camilo.
—¿Encontraste el libro en tu casa? –preguntó ella de nuevo.
—Sí, en el sótano. Entré buscando evidencia de lo que Liliana me había dicho sobre Alina. Mi padre estaba escondiendo este libro y yo quiero saber por qué.
Al pensar en el padre de Camilo, Salomé miró el diario de Liliana.
—Camilo, creo que tu padre tiene algo que ver con la muerte de Liliana. En su diario, Liliana hablaba de tu padre y como le tenía mucho miedo. Mira lo que dice aquí –le dijo Salomé pasándole el diario.
Camilo leyó el diario atentamente. Entre más leía, más fue recordando la conversación entre él y Liliana la noche de la fiesta.
—Mi padre es un doctor y un hombre de ciencias. ¿Por qué estará relacionado con la desaparición de una chica?¿Qué experimento estará haciendo? ¿Por qué iba a **amenazar**[48] a Liliana?
—Y lo más intrigante, por qué tiene ese libro –preguntó Salomé.

---

[48] amenazar= to threaten

Hubo silencio.
—Todo es muy confuso, pero hay algo que no estamos viendo en esta situación —dijo Salomé mirando el libro misterioso.
—¿Como qué? —curioseó Camilo.
—Pues, primero Liliana te dijo que tu padre tenía a Alina en el sótano. Después, tu padre la amenazó y unos días más tarde, Liliana estaba muerta. Esa misma noche, Marisa, Andrés, y tú tuvieron una experiencia inexplicable en el bosque... Y este libro parece tener una conexión con lo que vieron ustedes. Alguna pieza falta aquí. Todo está conectado, pero no sé cómo.
—Tienes toda la razón —confirmó Camilo.
Salomé y Camilo miraban el libro y las imágenes cuando Salomé recibió otro mensaje de Marisa. Salomé también le escribió a Marisa unos detalles sobre el libro de Camilo. Después de comunicarse con Marisa, Salomé dijo:
—Marisa también tiene algo que decirnos. Ella ya va para la casa de Andrés —dijo Salomé al cambiar su ropa.
—¿A dónde vas tú? —le preguntó Camilo.
—Tú y yo vamos a la casa de Andrés. Quiero saber lo que descubrió Marisa.
—¿A la casa de quién? ¿Andrés? ¿Caminar por el bosque? ¡Ni muerto! —exclamó Camilo.

–Camilo, es nuestra obligación descubrir lo que está pasando en el pueblo.

–Pero, ¿no acabas de hablar de las cosas que vimos en el bosque? Y este libro indica que...

–Tranquilo, nada ha ocurrido en los últimos días. Hay una pieza que falta y creo que lo que Marisa nos quiere comunicar, puede ser esa pieza importante. Llevemos el libro y podemos mirarlo allá –le ordenó Salomé.

–Pero... –dijo Camilo cuando Salomé lo interrumpió:

–¡Pero nada! Cállate y trae el libro. Vámonos. Marisa se va a reunir con nosotros allí –dijo Salomé.

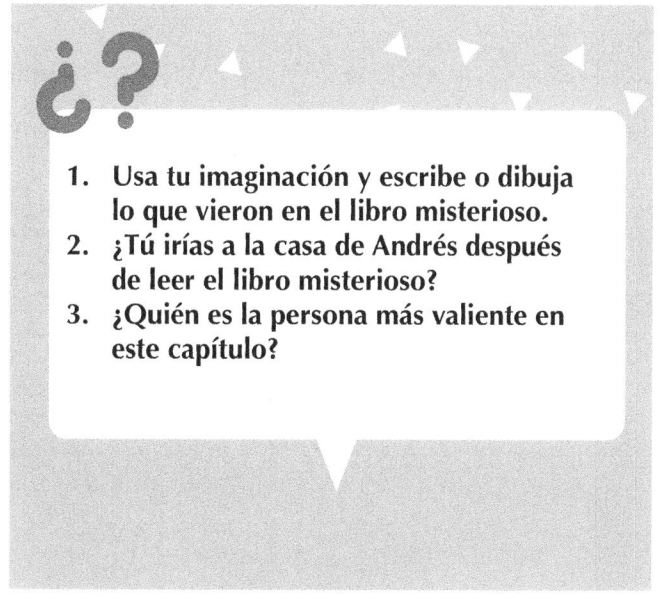

¿?

1. Usa tu imaginación y escribe o dibuja lo que vieron en el libro misterioso.
2. ¿Tú irías a la casa de Andrés después de leer el libro misterioso?
3. ¿Quién es la persona más valiente en este capítulo?

Segunda parte

El libro misterioso

Capítulo 11
El libro misterioso

Salomé y Camilo fueron a la casa de Andrés. Mientras caminaban por el bosque, vieron a Valdez y Pumarejo. Se escondieron rápidamente.

Unos minutos más tarde, llegaron a la casa de Andrés. Marisa ya estaba allí, esperándolos.

–¿Qué descubriste? –preguntó Salomé al ver a Marisa.

Marisa estaba muy nerviosa.

–Siéntense, que tengo una noticia bomba –les dijo Marisa hablando sobre la nueva información.

Ella empezó a hablar sobre la ceniza que encontraron en el cuerpo de Liliana:

–La ceniza es una especie de anestesia, muy avanzada, pero la forense descubrió que los componentes exactos no están en la tabla periódica. Lo cual confirma que la experiencia que tuvimos, fue una experiencia **sobrenatural**[49] –dijo Marisa.

–Pues, esa teoría puede ser correcta porque yo no pude mover el brazo después de tocar el cuerpo de Liliana –dijo Camilo.

–Yo también tuve problemas después de tocar el animal muerto esa noche en el bosque –mencionó Marisa.

–Entonces, ¿la ceniza es una sustancia especial? –preguntó Andrés.

–Exactamente, pero eso no es todo. La forense también dijo que la ceniza tenía unos efectos extraños. Hacía que las personas parecieran muertas, cuando no lo estaban en verdad.

---

[49] sobrenatural= supernatural

–Entonces, las figuras que vimos tienen que ver con la ceniza… ¡Es algo que usan! Entonces, ¿qué son? Y ¿por qué están aquí? –volvió a preguntar Andrés.

–Esas figuras que vimos… Son las Sombras –dijo Camilo al abrir el libro y mostrarles las imágenes.

–Es el libro que encontraste en el sótano de tu casa –confirmó Marisa.

Al ver las imágenes, Marisa miró a Andrés y le dijo:

–¡Esto es exactamente lo que vimos aquella noche! Tengo que enviarle un mensaje a Pumarejo. Él tiene que saber esto –dijo Marisa, escribiendo un mensaje cuando Andrés le agarró el móvil y le dijo:

Andrés es sospechoso

   –No le envíes nada a él. Marisa, esto se queda entre nosotros. No quiero involucrarlo.
   –Es una persona de confianza –explicó Marisa.
   Salomé notó inmediatamente la tensión entre Andrés y Marisa.
   –Andrés tiene razón. Por ahora, vamos a hacer nuestra propia investigación.
   Marisa dejó de escribir el mensaje y todos se sentaron para ver el libro. Empezaron a leer las partes que parecían ser muy importantes.
   Estaban completamente fascinados por la información que contenía el libro, intentando encontrar las piezas que hacían falta.
   –Si Marisa y yo no lo hubiéramos visto con nuestros propios ojos, jamás lo habríamos creído –dijo Andrés, mirando a Marisa.
   –Es increíble cómo coinciden las imágenes con lo que experimentaron ustedes dos… Camilo y yo miramos el libro en mi casa y nos pareció que el libro se divide en tres secciones principales. Cada sección parece ser una fase o un período particular… Miren esto –dijo Salomé, indicando una imagen en el libro.

Era una foto de las Sombras en el bosque.

–Esta imagen parece ser una exploración inicial o la primera visita –dijo Salomé, después continuó hablando–: La segunda imagen aquí muestra las Sombras con los seres humanos.

—Me parece que hay un experimento, pero ¿de qué? –preguntó Camilo.
—Es como un intercambio de información o de tecnología –dijo Marisa, analizando la foto.
—De acuerdo, me parece que están haciendo algún tipo de experimento –dijo Andrés.
—Eso me parece también, pero si miramos en la última sección del libro, todas las imágenes son de los seres humanos. O sea, no hay Sombras por ninguna parte. Tenemos la exploración, la experimentación y después, nada –dijo Salomé.
—¿Las Sombras se van? ¿Nos dejan en paz? –dijo Marisa ofreciendo su opinión.
—Eso puede ser. Incluso, no ha habido ninguna actividad desde la muerte de Liliana –dijo Salomé pensativa.
—Debemos hablar con Valdez y dejar que el equipo especial haga su trabajo porque… –dijo Andrés sin terminar la frase porque se escuchó un ruido fuerte en la puerta del patio.
    Todos se levantaron tan rápido que el libro se cayó al piso.
—¡Ay, no! Puede ser mi padre. ¡Me escapé de la casa! –gritó Marisa.

–Tranquila, escóndete. Él no puede entrar en mi casa sin permiso oficial. ¡Yo conozco mis **derechos**[50]! –dijo Andrés.

Al cabo de unos minutos, no volvieron a escuchar el ruido. En ese instante, Salomé recogió el libro que había caído al piso, y vio algo extraño; un papel había salido. Ella lo recogió, lo miró y después se cubrió la boca.

–Salo, ¿qué es? –preguntó Camilo.

Ella se lo dio a Camilo. Al recibir el papel, Camilo se sentó lentamente, procesando visualmente lo que ella le acababa de dar. Miró intensamente el papel: Era una foto de Liliana.

¿?

1. Describe lo que vieron los chicos en el libro.

2. En tu opinión, ¿cuál es la relación entre la foto y los dibujos?

3. Imagina que la foto tiene unos comentarios en la parte de atrás: ¿qué dirán los comentarios?

---

[50] derechos= rights

Capítulo 12
La foto

Al mirar la foto, Salomé dijo:
—Esto confirma que tu padre tiene algo que ver con la muerte de Liliana.

En esa foto era claro que el objetivo era «eliminar a Liliana»; era la evidencia suprema.

Salomé examinó el libro, intentando determinar de dónde había salido la foto, porque ellos no la habían visto antes. En ese momento ella encontró una pequeña abertura en la parte de atrás del libro.

—¡Hay más papeles aquí! —exclamó Salomé, insertando el dedo para sacar los papeles adicionales.

—¿Qué es? —preguntó Marisa, acercándose a Salomé para ver los papeles del libro.

Salomé y Marisa examinaron los documentos.

—Mira, hay un nombre aquí…«Flavio» —pronunció Salomé.

—Es un nombre muy familiar… —dijo Camilo pensativo.

Andrés buscó el nombre en su teléfono móvil y salieron dos hombres con el nombre «Flavio».

—Sé por qué te es familiar el nombre; él trabaja con tu padre en el mismo laboratorio —dijo Andrés.

—Con razón, ¡Flavio, es el socio de mi padre! Lo vi antes de ver a Liliana. ¡Él es la pieza importante en todo esto! —dijo Camilo.

—Liliana habló sobre un hombre que vio en tu casa, Camilo. El mismo hombre visitó su casa al día siguiente —dijo Marisa, pensando en los mensajes crípticos que Liliana le había enviado ese mismo día.

—Tiene que ser él. Él ha sido socio de mi padre por muchos años… Aun cuando vivíamos en Monte Celeste. ¿Qué más hay allí?

—Parece ser un récord de algunos experimentos y hay una lista de nombres —dijo Salomé al leerlos con mucha atención.

Salomé leyó todos los nombres: Juliana, Diana, Jhon Jairo, Lionel, Dionisio, Valderrama… Son otras personas desaparecidas del pueblo anteriormente.

Después de revelar los nombres, Salomé dejó de hablar y miró intensamente el papel.

—Salo, ¿qué pasa? ¿Quién más está allí? —preguntó Marisa al tomar el documento. En ese momento ella vio que su nombre también estaba en la lista.

Al leer la nueva información, Marisa entró en un trance. Ella no sabía qué hacer ni qué pensar. Todo eso era totalmente increíble para ella.

—Marisa, puede ser otra «Marisa», hay tantas chicas con ese nombre en el pueblo. No te preocupes —dijo Andrés, abrazándola. Él tampoco sabía qué decir.

—¿Qué más dice el documento? —preguntó Andrés.

Salomé continuó mirando el documento cuando una frase le llamó la atención.

–La extracción… ¿Qué significa? –preguntó Salomé–. Miren, el documento tiene una fecha aquí al lado de la palabra «Extracción».

–¡La fecha es hoy!… –exclamó Marisa.

En ese preciso momento, escucharon el ruido de nuevo en la puerta. Esta vez el ruido era más fuerte.

–Hay alguien llamando a la puerta… –dijo Salomé.

Todos miraron a Marisa, pensando en que su nombre estaba en la lista.

–Tranquila, quédate aquí, nosotros subimos –le dijo Andrés.

Camilo, Andrés y Salomé fueron al primer piso y dejaron a Marisa en el sótano. Cuando llegaron, vieron una silueta al otro lado de la puerta del patio.

–Yo sabía que venir a la casa de Andrés era una muy mala idea –dijo Camilo a Salomé.

–Tienes razón, Camilo. Queríamos saber lo que le había pasado a Liliana, pues ahora, estamos por experimentarlo nosotros mismos –dijo Salomé al mirar atentamente la silueta oscura que parecía similar a lo que acababan de ver en el libro. Parecía Sombra y estaba justo en frente de ellos.

Capítulo 13
La puerta

Todos estaban inmóviles. Lo que estaba afuera, llamó a la puerta otra vez mirándolos intensamente.

Marisa subió al primer piso. Miró la puerta y exclamó:

—¡Ay no, me va a matar! —dijo Marisa, pensando en su nombre en la lista.

—Estamos condenados al mismo destino que Liliana —dijo Andrés aterrado.

Golpeó la puerta otra vez, intentado entrar a la casa. Esa vez Camilo miró muy bien a la silueta; era una silueta familiar. Así que Camilo caminó hacia la puerta como si estuviera en trance.

–¡Nooooo! ¡Camilo! ¡No te vayas! –gritó Salomé.

–No pasa nada… Es Nico –respondió Camilo.

–¡Espera Camilo! –exclamó Andrés, agarrándole el brazo–. ¿Podemos confiar en él? ¿Cómo sabía él que estábamos en mi casa?

–Liliana habló de él en su diario. Ella confió en él –dijo Salomé, tranquilizando a Andrés.

–Entonces, voy contigo –dijo Andrés caminando con mucha precaución a la puerta.

Abrieron la puerta y Nico entró a la casa. Los miró a todos. Los chicos lo miraron intensamente a él también.

–¿Por qué estás aquí? ¿Cómo sabes dónde vivo? –le preguntó Andrés.

–**Seguí**[51] a Liliana hasta aquí la noche de la fiesta. Quería ayudarla, pero fue demasiado tarde –explicó Nico.

En ese momento, Marisa regresó a la sala para ver quién era. Se sorprendió mucho al escucharlo hablar

–Es él… –le dijo Marisa a Andrés.

–¿Es quién? –le preguntó Andrés confundido.

---

[51] seguí- I followed

–Es el hombre que hablaba con las figuras. Yo sabía que podría identificar la voz si la escuchara otra vez –dijo Marisa.

Andrés miró a Nico intensamente mientras agarraba secretamente un cuchillo de la cocina. Después, caminó lentamente hacia él, pero Camilo empezó a hablar interrumpiendo, la acción secreta de Andrés:

–¡Fuiste tú! El ruido que escuchamos en el bosque aquella noche! –gritó Camilo, recordandolo todo–. ¡Tú!… ¡Tú me golpeaste! ¡Desgraciado! ¡Mataste a Liliana! –gritó otra vez corriendo hacia Nico para golpearlo, pero el brazo de Camilo le **atravesó**[52] el torso de Nico como si él fuera un holograma.

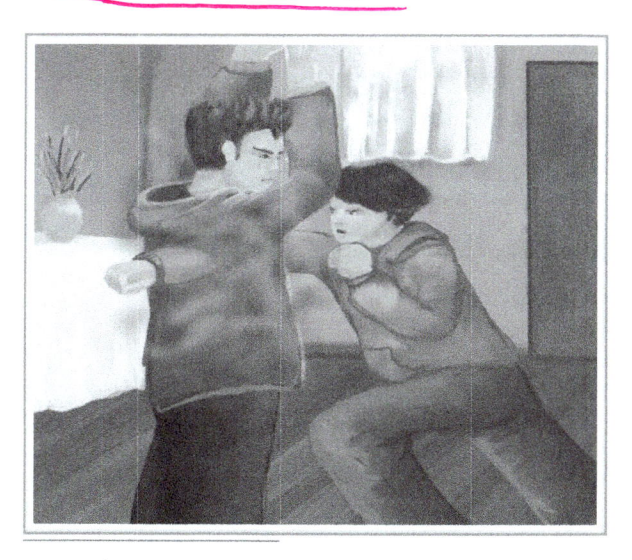

[52] atravesó= went through

Al ver cómo el brazo de Camilo atravesó el torso de Nico, todos gritaron y corrieron hacia el sótano. Nico corrió detrás de ellos.

En el sótano, todos miraron a Nico y él los miró a ellos; estaban atrapados porque no había ninguna salida en el sótano. En ese momento, Nico se transformó en una de las Sombras:

—¡Acacacacaaaaaa! —dijo, produciendo algunos sonidos muy extraños.

Marisa y Andrés lo miraron con asombro y miedo.

—¡Él es uno de ellos! Va a matarnos —dijo Marisa asustada.

Poco a poco Nico se transformó de Sombra a una persona normal. Después de unos minutos, parecía ser la misma persona que había entrado a la casa. Al ver la transformación, Andrés entró en acción. Corrió hacia Nico y lo atacó con el cuchillo. Nico, actuó rápido, defendiéndose. Él agarró el cuchillo, cortándose la mano.

—¡Hay sangre verde en el cuchillo! —exclamó Salomé, agarrando a Camilo.

Todos se miraron. Los chicos sabían que ellos iban a morir en ese momento. Esperaron ver lo que iba a hacer Nico. Pero, él no los atacó.

—¿No vas a atacarnos? –preguntó Andrés.

—No, no tengo interés en atacarlos –dijo Nico.

—¿Qué eres? –preguntó Andrés, mirando la sangre verde que estaba en su mano.

—No importa qué soy. Lo importante es que quiero ayudarlos y no eliminarlos como ustedes quieren eliminarme a mí –dijo Nico, caminando hacia ellos.

—Eres uno de ellos, ¿verdad? Tu voz es la misma que escuché esa noche en el bosque; la noche que murió Liliana –dijo Marisa.

—Soy una Sombra híbrida como mis padres. Tenemos esta forma para estar entre los seres humanos sin ser diferentes. Yo era uno de ellos pero desobedecí al líder… mi padre, el hombre que viste en el bosque –les explicó Nico.

—Si no quieres eliminarnos, ¿por qué me golpeaste aquella noche? –preguntó Camilo.

—Camilo, fue por tu bien. Intenté decirte que escaparan tú y Liliana del bosque pero te pusiste muy agresivo. No quería llamar la atención de las otras Sombras; Estoy aquí porque quiero ayudar a Liliana y a los otros que han sido marcados por las Sombras. No tenemos mucho tiempo.

–¿Marcados? Como yo… ¿Qué quieren? ¿Por qué están aquí? –preguntó Marisa nerviosa.

–Los seres humanos tienen una energía especial dentro del cuerpo. Descubrimos esa energía cuando hicimos unos experimentos con los primeros sujetos humanos. Desarrollamos una manera de cultivar la energía… aquí en la tierra. Luciano y otros científicos jugaban un rol muy importante en esos experimentos. En el pasado, solamente tuvimos la capacidad de usar unos seres humanos a la vez, ahora hemos avanzado con la tecnología… y podemos extraer esta energía de varias personas al mismo tiempo.

–¡La extracción!… el libro habla de eso. Vimos unas imágenes de los experimentos en el libro… ¿Por qué necesitan esta energía?

–Es para prolongar la vida de los híbridos porque tenemos unos componentes biológicos humanos –explicó Nico.

–Entonces, si tú puedes vivir más tiempo, ¿porque nos estás ayudando a nosotros? –preguntó Andrés confundido.

Hubo una larga pausa.

–Hay otras formas en las que podemos vivir por más tiempo sin interferir con los seres humanos. Yo estoy a favor de más exploración científica, pero los líderes han encontrado una manera fácil y fatal de preservar nuestra civilización y no estoy de acuerdo. Flavio ha comprado el silencio de muchas personas. Pero ellos no saben los verdaderos planes que tiene mi padre.

    Todos permanecieron en silencio, pensando en lo que dijo Nico. De repente, Salomé le hizo una pregunta:

    –¿Qué tiene que ver Liliana en todo esto?

    –Liliana no era uno de los marcados originalmente. Pero, el padre de Liliana estaba investigando al equipo de Flavio y de Luciano. Él había descubierto las fases iniciales del gran experimento. Es por eso que Luciano empezó a hacer algunos experimentos en su laboratorio privado.

    –Pero, el padre de Liliana se murió de un ataque al corazón –dijo Salomé.

    –No fue así. Él sabía mucho y ellos lo eliminaron –dijo Nico.

    –¡Los documentos! –exclamó Marisa, pensando en los mensajes de texto crípticos de Liliana.

    –Sí, Liliana encontró unos documentos importantes, los que escondió su padre. Entre esos documentos estaba la arquitectura principal de una de las máquinas. Le dije que se fuera del pueblo, pero ella no me obedeció. Ella pensó que el doctor Luciano estaba solamente traficando con los órganos. No sabía qué traficaba con los **almas**[53] también.

Nico miró a Marisa y continuó hablando:

–Marisa, tu padre ha estado investigando mucho desde que ustedes se mudaron de Monte Celeste. Flavio quiere eliminar a tu familia. Por eso tu nombre está en la lista. Pero, te voy a proteger –dijo Nico.

Al terminar de hablar, Nico miró las imágenes del libro. Prestó mucha atención a las últimas páginas con solo las imágenes de seres humanos sin la presencia de las Sombras.

–Nico, pasamos mucho tiempo mirando el libro y pensamos que las imágenes están relacionadas con las fases de la exploración y la experimentación, pero no comprendemos las imágenes en la última parte del libro.
Solo hay foto de seres humanos y no de las Sombras.

Nico miró el libro y él tampoco comprendió las fotos al final.

–Tenemos que encontrar a Liliana primero, y después podemos ver cómo paramos los experimentos.

---

[53] almas= souls

–Pero, Liliana está muerta… –dijeron los chicos al mismo tiempo.

–Eso es lo que ustedes piensan. Ella no está muerta todavía… –dijo Nico.

Al escuchar esas palabras, Marisa pensó en la conversación entre su padre y la forense. Después, ella dijo lo siguiente:

–Claro… ¡Es la ceniza que está preservando a Liliana!

–Tienes razón, por eso hay una fecha al lado de la palabra «extracción» –confirmó Salomé.

–Tenemos que ir al laboratorio. Podemos ayudar a Liliana y a los otros antes de que sea demasiado tarde –dijo Nico.

¿?

1. ¿Arriegarías tu vida por salvar a tu amigo?

2. ¿Por qué quieren ir al laboratorio?

*Arriesgarías = would you risk

Capítulo 14
El laboratorio

Una hora más tarde, llegaron al laboratorio. Intentaron entrar, cuando vieron Sombras por el bosque.

—No hablen y no se muevan –les dijo Nico a todos con gestos.

Todos obedecieron a Nico.

Cuando las Sombras se acercaron al grupo, los chicos obedecieron a Nico y no hablaron. Tampoco se movieron. No querían mirar directamente a las Sombras.

Pero, las Sombras se acercaban lentamente a ellos y empezaron a producir un sonido fuerte:

—«Acacacaaaaaa»

Eran los mismos sonidos que habían escuchado Andrés y Marisa aquella noche en el bosque; el mismo sonido que Nico produjo en la casa. Como resultado, los chicos se quedaron inmóviles. Miraron hacia delante como si estuvieran hipnotizados. Camilo miró a su alrededor y notó algo aterrador; Nico ya no estaba con el grupo. Ellos estaban allí en presencia de las Sombras, solos.

Los chicos controlaron su respiración para que las Sombras no los detectaran. Y funcionó. Las Sombras ya se iban, pero en ese momento, Andrés, quien tenía asma, empezó a respirar un poco más fuerte. Camilo lo miró y le dijo con gestos «espera, contrólate».

Por fin, se fueron. Al verlos irse, Andrés dejó salir un largo respiro que ya no pudo contener. De repente, las Sombras se dieron la vuelta y regresaron a donde estaban los chicos. Se comunicaban entre sí con los sonidos otra vez.

Unas se acercaban a Marisa. Ella cerró los ojos y controló la respiración. Los sonidos se volvieron más fuertes. Ella reflexionó sobre el grito de Liliana, también pensó en la lista con su nombre. Ella tenía tanto miedo que iba a gritar igual que Liliana. Las Sombras se acercaron más a Marisa. De repente, hubo otro sonido y se fueron como zombis hipnotizados hacía el sonido. Los chicos no se movieron. Eran como estatuas. Al cabo de unos minutos, Salomé dejó salir un largo respiro.

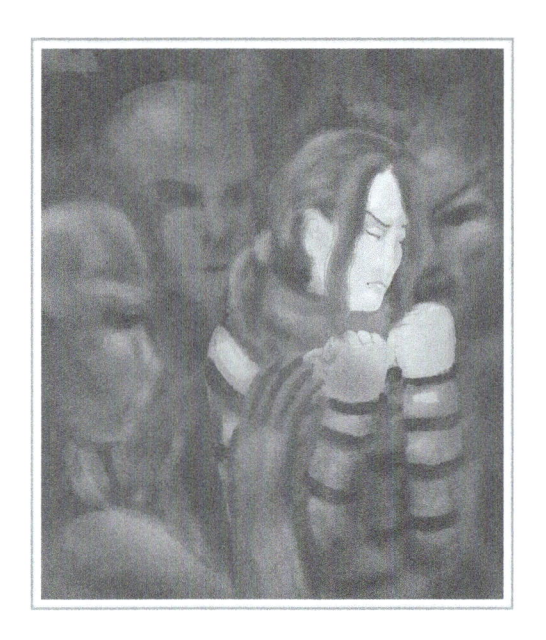

–Uff, ¡qué susto! Casi hice pis –comentó ella en voz baja, mirando a su alrededor.

–Yo hice pis –dijo Camilo temblando, mirando sus pantalones.

–¿A dónde se fueron? –preguntó Marisa.

Antes de que pudieran responder la pregunta, vieron que una Sombra regresaba.

¡A correr! –gritó Andrés, con una respiración laboriosa.

–¡No corran! No se asusten. Soy yo… Les di una distracción. Vámonos, tenemos que entrar al laboratorio ahora mismo –dijo Nico con un instrumento misterioso en la mano.

Todos caminaron silenciosamente hacia el laboratorio. Nico usó el instrumento misterioso para abrir las puertas. En menos de dos minutos, entraron al laboratorio.

–¡Qué increíble! –dijo Andrés al entrar y ver toda clase de **máquina**[54] avanzada.

Todos estaban asombrados, menos Nico. Él se veía aterrado.

---

[54] máquina= machine

—Esas máquinas parecen muy sofisticadas —notó Marisa.

Nico miró una máquina en particular. Cuando vio la máquina, ésta le confirmó sus miedos más grandes.

—Tenemos que permanecer juntos —dijo Salomé.

—Ese sonido, ¿qué es? –preguntó Camilo notando un sonido más fuerte como el de una máquina grande.

—Me parece que viene del segundo piso —observó Andrés. Tal vez sea donde tienen a Liliana. Vámonos hacia allí –dijo al caminar con mucha precaución hacia la puerta. Detrás de la puerta, había unas escaleras que iban hacia el segundo piso.

Entraron al segundo piso y había unos **cajones**[55] que eran idénticos a los cajones de la morgue. También había unas puertas muy grandes. Inmediatamente empezaron a mirar dentro de los cajones en busca de Liliana.

—No está en éste –reportó Marisa, abriendo y cerrando uno de los cajones.

—No está aquí tampoco –dijo Camilo.

—No está aquí –dijo Andrés.

---

[55] cajones=coffins

Pero Salomé no dijo nada. Estaba mirando dentro del cajón que ella había abierto.

Todos continuaron abriendo y cerrando los cajones, cuando notaron que Salomé estaba en trance, mirando lo que estaba dentro del cajón.

–¿Qué pasa? –preguntó Camilo nervioso–. ¿Es Liliana?… ¿Ella está allí?

–No se acerquen –les ordenó Salomé–. No querrán ver esto.

Los chicos ignoraron la recomendación y se acercaron al cajón. Miraron dentro con tanto asombro como terror. Se cubrieron la boca porque había una chica allí.

–Es ella. Está muerta –dijo Salomé.

–¡Caray! No llegamos a tiempo –gritó Andrés frustrado.

Todos miraron a Camilo que caminaba lentamente hacia el cajón.

¿?

1. ¿Qué descubrimiento hicieron y por qué es importante?
2. ¿Crees que todos van a sobrevivir?
3. ¿Quién es el personaje menos importante de la historia?

Capítulo 15
El cajón

Todos miraron a la chica.

Camilo la miraba muy bien, cuando hizo un descubrimiento:

–¡No es Liliana!… Es Alina, la chica desaparecida. ¡Es ella! –dijo Camilo.

Todos miraron a la chica otra vez. Y era verdad, Alina era casi idéntica a Liliana.

–Si Liliana no está aquí, ¿dónde estará? Ya buscamos en todos los cajones –comentó Marisa.

–No miramos allá –dijo Salomé indicando hacia las puertas grandes.

Todos caminaron hacia las puertas grandes. Entraron lentamente para confirmar que no había «**Sombras» en la costa**[56].

Cuando entraron, todos miraron los contenidos del salón. Los ojos de Nico se pusieron aún más grandes. Él tampoco pudo creer lo que veía.

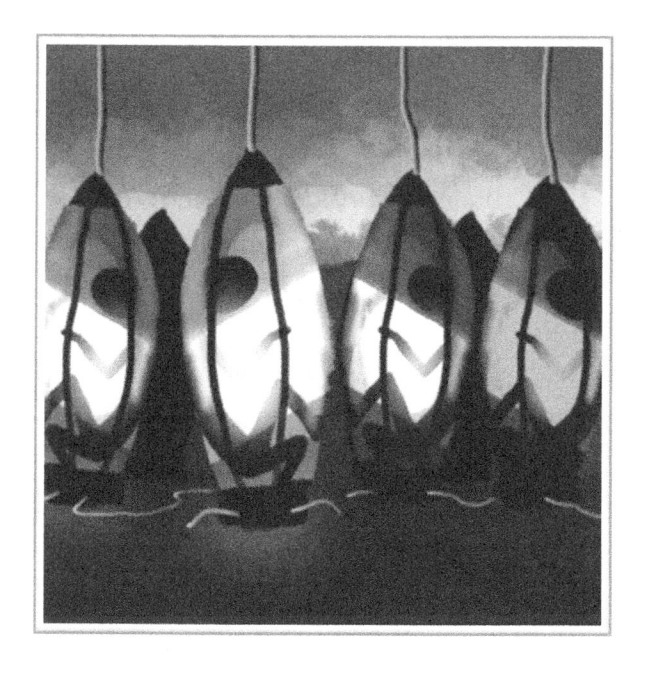

---

[56] The coast was clear "No hay moros en la costa"

–¿Qué son estos? –preguntó Salomé con una voz casi imperceptible, mirando atentamente lo que estaba en el salón.

–Son tan grandes… ¿qué son? –preguntó Marisa.

Ellos miraron un salón llenísimo de cápsulas enormes. Aún más aterrador: Las cápsulas tenían algo adentro.

–¿Liliana… estará allí? ¿Son los experimentos? –preguntó Marisa nerviosa.

Aterrados, todos miraron a Nico, esperando una respuesta porque sus cerebros humanos no podían comprender lo que estaba pasando.

–¡Habla ahora! ¿Qué hay dentro de las cápsulas? ¿Qué tipo de experimento es? –le demandó Salomé.

Nico los miró y les dijo:

–Ahora comprendo la tercera y última fase…

Mientras Nico estaba inmóvil, examinado la escena, Camilo fue el primero en acercarse a las cápsulas. Quería encontrar a Liliana antes de que las Sombras regresaran. Miró dentro y encontró la pieza que faltaba.

–Chicos, ¡no son extraterrestres! ¡Son personas adentro! También hay unas cápsulas vacías. ¿Qué es ese líquido verde que está allí?

–exclamó Camilo.

–¿Un líquido verde? –comentó Andrés, acercándose a las cápsulas.

En busca de Liliana, ellos caminaron para mirar todas las cápsulas.

Mientras tanto, Nico no hablaba. Salomé esperaba la respuesta de Nico.

–Nico, habla. ¡¿Qué está pasando?! No tenemos mucho tiempo. Flavio y las Sombras pueden llegar en cualquier momento –dijo Salomé

–La tercera fase es la…. Es la… –él dejó de hablar.

–¿Qué es? –interrumpió Marisa–. En el libro las fotos solamente mostraron los seres humanos al final. No había Sombras. Ahora, vemos las cápsulas. No comprendo nada.

Nico miró a Marisa y a Salomé y les dijo:

–Es la extinción… Las Sombras van a convertirse en seres humanos… Van a sustituir a los seres humanos –explicó Nico haciendo la conexión.

Después de esa declaración tan terrible, hubo una larga pausa; Marisa y Salomé se miraron asustadas.

En ese momento, Andrés y Camilo regresaron y notaron que nadie hablaba. Ellos también estaban sorprendidos.

–Chicos… –dijo Salomé, intentando decirles la gran revelación. Pero antes de que Salomé pudiera continuar, ella fue interrumpida por Camilo:

–¡Encontramos a Liliana! Está dentro de una de las cápsulas… Pero su cápsula no tiene líquido. ¿Qué significa eso? –preguntó Camilo, mirando a Nico.

–Significa que llegamos justo a tiempo –dijo Nico corriendo hacia las cápsulas–. ¡Desconecten las cápsulas! Tal vez podamos interrumpir el proceso. Ellos intentaron desconectarlo todo, pero era difícil porque las máquinas eran muy avanzadas.

Camilo y Andrés sacaron a Liliana de la cápsula.

–¡Ya la tenemos! Vámonos –gritó Camilo. Su voz reveló una mezcla de felicidad y miedo.

–¿Cuánto tiempo tenemos antes de que regresen las Sombras? –preguntó Andrés.

–Ya están aquí –dijo Nico mirando a unas figuras oscuras que empezaron a correr hacia el grupo.

–¡Corran! –les gritó Camilo a todos.

1. ¿Qué fue lo que vieron en el cajón?
2. Describe lo que estaba en las cápsulas.
3. ¿Por qué Nico estaba en shock?
4. ¿Cuál fue tu parte favorita de este capítulo?
5. ¿Qué predicciones tienes para el siguiente capítulo?

Capítulo 16
Las Sombras

Los chicos corrieron en vano, porque no había ninguna salida en ese piso. Cuando las figuras oscuras se acercaban, se dieron cuenta de que no eran las Sombras, sino Flavio y su cómplice Luciano.

–Hijo, vete a la casa. Esto no es asunto tuyo –le dijo Luciano a Camilo.

–Papá, ¿quién eres? ¿Cómo puedes estar con ellos? ¿Sabes lo que quieren hacer?

–Quieren mejorar nuestro planeta. Quieren mejorar las cosas. Estamos usando la ciencia y la tecnología para introducir una transformación total. Tú puedes ser parte de esa transformación. Ustedes pueden ser partes de esa transformación.
–No queremos colaborar con las Sombras.
Cuando los chicos vieron que no pudieron salir, se unieron.
–¡Al combate! –gritó Andrés y todos corrieron detrás de él hacia Flavio y Luciano.
–Esto va a ser muy fácil –dijo Flavio mientras combatía a todos los chicos. Las Sombras regresaron unos segundos después.
–Daku malum kesan abudum folema –dijo Flavio a las Sombras.
–¿Qué quiere decir eso? –le preguntó Luciano a Flavio.
–Nada les va a pasar. No quiero problemas con el experimento, eso es todo.
Pero en realidad, Flavio les había ordenado que se llevaran a Marisa, Salomé, Andrés y Camilo al tercer piso, para la preparación del gran experimento.
Poco después, Flavio recuperó a Liliana y Luciano corrió rápidamente hacia las máquinas para continuar con el experimento.

Al acercarse a las máquinas. Luciano vio que los generadores y el aparato principal habían sido desconectados.

—¡Rayos! —exclamó Luciano mirando la hora. Se dio cuenta de que no había mucho tiempo. Agarró otro aparato, e intentaba entrar los códigos necesarios, pero sus intentos fueron interrumpidos por Nico.

—No vas a salirte con la tuya —gritó Nico, intentando agarrar el aparato.

Luciano resistió. Nico se sorprendió de la fuerza de Luciano. Generalmente, los híbridos eran más fuertes que los humanos. Nico intentó golpearlo pero su mano le atravesó el torso como si fuera holograma.

Nico lo miró con los ojos grandes.

—Eres uno de… —dijo lentamente sin terminar la frase.

—Digamos que he aprendido a manipular las células también: Si no puedo eliminarlos, me hago parte del equipo de ustedes —dijo Luciano. Se transformó rapidamente y golpeó a Nico, provocando una caída muy fuerte.

Nico estaba inconsciente en el piso. Luciano agarró el aparato y entró los códigos.

—Flavio, todo está listo. Es ahora o nunca —gritó Luciano.

–Perfecto, ve tú preparando la otra fase del plan –le dijo Flavio a Luciano. Luciano se fue rápido mientras Flavio devolvió a Liliana a la cápsula. Después, Flavio abrió la cápsula que estaba al lado y entró en ella. Entró otro código en el aparato y esperó a que se cerraran las puertas de las cápsulas.

«*La cápsula está entrando en posición*» –dijo una voz robótica.

Cuando Nico escuchó la voz de la cápsula, se levantó. Vio que las puertas se estaban cerrando. Corrió muy rápido hacia la cápsula de Flavio e insertó su brazo para bloquear la puerta. Mientras estaba en la cápsula, Flavio no tuvo suficiente tiempo de convertirse de nuevo en Sombra. Él necesitaba estar en forma de híbrido para que el experimento funcionara. Y Nico decidió aprovechar su estado de **debilidad**[57].

–¿Qué haces, hijo? –gritó Flavio.

–¿Cómo pudiste imaginar una extinción total? Pensé que ibas a hacer la extracción con unos individuos, no con todo el pueblo.

---

[57] debilidad= weakness

Tenemos que pararlo todo. Vas a destruir todo el pueblo. ¡No es justo! –dijo Nico.

–Desde cuando tienes un «corazón» para los seres humanos. Ya estamos empezando colonias de sustitutos en otros pueblos, esto nos va a ayudar mucho. Además, los seres humanos lo hacen con otras naciones; colonizan y destruyen civilizaciones para beneficiarse. Se destruyen entre ellos mismos, no hay diferencia en lo que estoy haciendo –dijo Flavio, justificándose.

–En otros pueblos… No lo voy a permitir. Mi mamá me **advirtió**[58] sobre ti y me dijo que el poder puede hacerte una Sombra peligrosa.

–Ya es demasiado tarde. Además, sabes que si algo me pasa, no podrías volver al Séptimo Cielo. Estarás atrapado aquí y tendrás que vivir como los seres humanos. ¿Quieres eso? ¿Quieres vivir con tantas limitaciones? –le preguntó Flavio.

–Lokum fadiem adium novo isit –dijo Flavio, para convencer a Nico.

Nico pensó en no volver a ver a su familia. Miró todas las cápsulas y pensaba en la vida que tendría al lado de su papá; tendría el

---

[58] advirtió =warned

poder ilimitado. Podría tener la vida prolongada. Cada híbrido quería eso.
Flavio sonrió porque vio que Nico ya estaba poniéndose de su lado.
—Hijo, estás tomando la decisión correcta.
—Gracias, papá. A veces las decisiones pueden causar mucho dolor —dijo Nico en un tono críptico.
De repente, Nico agarró el instrumento misterioso que tenía escondido.
—La daga de Zeum... ¿Cómo pudiste obtener la daga? —preguntó Flavio, agarrándola con una mano y el cuello de Nico con la otra mano. Hubo una pelea épica.
—Mi mamá sabía —dijo Nico mientras peleaba con Flavio.
—Hijo, no quiero hacerte esto pero no puedo permitir la destrucción... de este experimento —dijo, agarrando más fuerte a Nico.
Nico ya no podía respirar, pero intentó agarrar bien la daga.
— Es... la única... manera... de destruir... el experimento... Si te dejo vivir no sé cuántas atrocidades más vas a cometer —dijo agarrando la daga fuertemente.
—No te vas a salir con la tuya —gritó Flavio.

–¡Ahhhhhhhhh! –gritó Nico.
Momentos después, hubo silencio. Solo se escuchaba el ruido de las cápsulas.

¿?

1. ¿Cuáles son las decisiones cruciales que tienen que tomar los personajes en este capítulo?
2. Escoge una persona. ¿Qué harías tú si fueras esa persona?
3. ¿Has tenido que tomar una desicíon muy difícil en tu vida? ¿Cuál fue?

Capítulo 17
Zeum

En ese momento, Nico ya no tenía la daga. Miró su ropa y tenía sangre verde por todo el pecho. Buscó la daga y estaba atrapada en el **pecho**[59] de Flavio.

–Papá... Lo siento. No quería...

Flavio, con la poca energía que tenía le sonrió a Nico y oprimió unos botones en el aparato que tenía en la mano.

–Papá...–dijo Nico, dándose cuenta de la difícil decisión que acababa de tomar.

Flavio respiró una vez más y se murió.

Los chicos notaron que las Sombras habían desaparecido. Entonces, ellos corrieron al otro piso para ver a Liliana y a Nico. Cuando llegaron, Nico estaba sobre el piso emocionalmente exhausto, Luciano se había escapado y Liliana todavía estaba en la cápsula, Flavio estaba muerto en la cápsula de al lado.

–Nico, ¿estás bien? ¿dónde están *Las Sombras*? ¡Tenemos que irnos ya! –exclamó Camilo.

---

[59] pecho= chest

–No sé… Todo fue muy extraño… Liliana…. –dijo Nico después de cerrar los ojos.
–¡Nico! ¡Nico! ¿Qué te pasa? –preguntó Salomé

En ese momento los chicos escucharon que alguien subía las escaleras. Estaban aterrados porque ahora Nico estaba inmóvil.

–¿Regresaron las Sombras? –preguntó Salomé temerosa.

Unas figuras caminaron hacia ellos. Una de las figuras tenía una pistola en la mano. Se quedaron inmóviles, viendo las figuras avanzar hacia ellos.

–¡Los brazos arriba! ¡No se muevan! –dijo la persona que caminaba hacia ellos.

Marisa identificó la voz inmediatamente.

–¿Papá?

–Marisa, hija, ¿eres tú?

–¡Papá! –dijo ella corriendo hacia los brazos abiertos de su papá.

–¿Estas bien hija? No sabes la angustia que me hiciste pasar –dijo abrazando a su hija.

Camilo y Andrés entraron histéricos, interrumpiendo a Valdez:

–¡Liliana está viva! –gritó Camilo.

–Liliana, era cierto que…

–dijo Valdez incrédulo caminando hacia Camilo y Andrés.

Caminaron hacia la cápsula y sacaron a Liliana de allí.

Valdez no pudo creer lo que veía. Intentó hacer los **primeros auxilios**[60], pero ella no reaccionaba.

—¡Lleven a Liliana al hospital! —ordenó Valdez a los policías y al equipo científico especial que estaban con él.

Camilo se fue con ellos, porque no quería dejar a Liliana sola.

—¿Hay alguien más en el laboratorio? —preguntó Valdez.

—Si, las personas desaparecidas están arriba en los cajones y Flavio está en la cápsula… y las Sombras desaparecieron —dijo Andrés.

—¿Desaparecieron? —dijo Valdez confuso.

Valdez habló con el equipo especial y ellos examinaron el laboratorio.

Los chicos salieron con Pumarejo. En cinco minutos, la ambulancia llegó y todos fueron directamente al hospital. Los paramédicos intentaron **reanimar**[61] a Liliana, pero sus intentos fueron en vano. Nada funcionó. Camilo estaba en la ambulancia y

---

[60] primeros auxilios= CPR

[61] reanimar = revive

hablaba con ellos sobre todo lo que había pasado. Intentaron reanimarla varias veces, pero ella continuaba en la misma condición.
Camilo estaba al lado de Liliana en la ambulancia. Estaba triste de que ellos no pudieran hacer nada para ayudarla. Camilo pensaba que él tenía la culpa en todo. Hablaba con Liliana en voz baja:
«**Si yo te hubiera escuchado, nada de esto te habría pasado**[62]. ¡Soy un idiota! Lo siento, yo haría cualquier cosa para tenerte conmigo. Yo daría mi vida por la tuya» –le dijo, agarrándole la mano.
Mientras lloraba, sintió un suave movimiento en su mano. Esperó unos segundos y ocurrió otra vez. Miró su mano e hizo un descubrimiento increíble.

¿?

1. **¿Cuál fue el momento más importante de este capítulo?**
2. **¿Qué va a pasar en el próximo capítulo?**
3. **¿Cómo quieres que se termine la historia?**

Capítulo 18
Borrón y cuenta nueva[63]

—¡Increíble!... —gritó Camilo a los paramédicos.
—¿Qué pasa joven? Ya vamos a llegar al hospital —dijo uno de los paramédicos.
—¡Su dedo se movió! —gritó Camilo.
—¿Cómo? —respondió el paramédico, totalmente sorprendido.
—Mire, su mano se movió —exclamó Camilo, indicando la mano de Liliana.
Era verdad, las máquinas hicieron unos sonidos breves, verificando las señales vitales.
—¡No me lo puedo creer! Ella estaba... —dijo el paramédico sin terminar la frase.
—Lili, ya vamos al hospital. Vas a estar bien, mi princesa —le dijo Camilo.
Unos minutos después, llegaron al hospital. Los doctores estuvieron esperando. Tomaron a Liliana y le dieron unos líquidos, la conectaron a muchas máquinas. Camilo llamó a la madre de Liliana, para decirle lo que había pasado. Ella casi no lo podía creer. Salió de la

---

[63] New start

casa tan rápido que no se dio cuenta de que todavía estaba en pijama. Llegó emocionada al hospital y esperó hasta que los doctores le permitieran entrar. Minutos después, llegaron los otros al hospital. En cuanto Nico entró por las puertas, Pumarejo le dijo a un grupo de personas en ropa científica:
—¡Es él!
Los científicos lo agarraron y lo tranquilizaron rápidamente.
—Gracias, Pumarejo –dijo la forense.
—Yo haría cualquier cosa para acabar con todo esto. ¿Qué son? ¿De dónde vienen? ¿Por qué están aquí? –preguntó Pumarejo a la forense.
—Eso es lo que vamos a descubrir. Ella miró a su equipo y les dijo:
—Llévenlo al sótano, todo ya está preparado.
El equipo forense llevó a Nico al sótano con el objetivo de estudiarlo y saber más sobre su origen.

Una semana después

Salomé y Camilo visitaron a Liliana en el hospital. Ellos le habían notificado a Juan sobre el progreso de Liliana. Él ya estaba en camino al pueblo.

–Hola chicos –dijo la madre de Liliana al verlos entrar.

–¿Todavía no se ha despertado? –le preguntó Salomé.

–Estaba despierta hace dos horas, todavía no sabe quién soy. Pero, el doctor dijo que era normal después de una experiencia traumática. Se llama *la amnesia disociativa*. Es una pérdida de memoria provocada por una experiencia traumática. Aún no se sabe lo que le ha pasado a Liliana.

–¿Dijo el doctor cuánto tiempo se va a quedar así? –preguntó Camilo.

–No se sabe… Necesito estar más alerta así que voy por más café. Regreso en unos minutos –dijo la madre.

Cuando la madre de Liliana se fue del salón, los chicos miraron a Liliana mientras ella dormía.

De repente, ella empezó a moverse de una manera muy errática, como si estuviera peleando con alguien. Estaba gritando: ¡Adium! ¡Adium! ¡Adium!

–¡Liliana! ¿Estás bien? ¿Liliana qué te pasa? Llama al doctor –dijo Salomé en voz alta. Pero Liliana se despertó después de unos segundos y con una mirada muy desorientada.
–Espera, no llames al doctor. Está despierta –dijo Salomé.
Salomé y Camilo la miraron intensamente. Ella todavía tenía una expresión muy desorientada.
–Lili, soy yo, tu amiga Salomé.
–Soy yo, Camilo –dijo, esperando que ella hubiera recordado que estaban enamorados.
Ella los miraba, pero no les dijo nada. Para ayudarla a recordar a los amigos, Salomé sacó el móvil y le mostró fotos de Andrés, Juan y Marisa. Liliana miraba las fotos. Indicó la foto de Marisa y sonrió.
–Mira, ¡ella sabe quién es Marisa! –dijo Salomé.
Ellos hablaron con Liliana, mostrándole fotos y videos hasta que la puerta de la habitación se abrió y entró una persona inesperada.
–¡Nico! ¿Cómo estás? –le preguntó Salomé, abrazándolo. Pensamos que habías desaparecido. ¿Dónde estuviste todo ese tiempo?

—Estoy bien. Me interrogaron y me estudiaron.

… Y Liliana, ¿cómo está? –preguntó Nico, cambiando el tema.

—Ella aún no está hablando. Se ha quedado mirándonos con ojos bien abiertos –comentó Salomé.

—Ella ha estado así toda la mañana. Se despertó gritando un nombre extraño –dijo Camilo.

—¿Un nombre extraño? ¿El nombre de quién? –preguntó Nico.

—«Adium». Lo repetía una y otra vez –respondió Camilo.

—Nosotros no conocemos a nadie con ese nombre. Pobrecita. Está traumatizada, y tiene amnesia disociativa –dijo Salomé, mirando a Liliana.

Cuando Nico escuchó la palabra que ella había repetido, se asustó y su expresión cambió por completo.

—¿Qué te pasa? ¿Por qué reaccionaste así Nico? –preguntó Salomé al notar la diferencia.

—Tal vez fue una pesadilla… Pero, el doctor dijo que ella estaría bien –dijo Camilo.

Nico miró muy bien a Liliana, acercándose un poco a ella.

–Nico, ¿todo está bien? Nos estás asustando –dijo Camilo, al notar el cambio drástico en la actitud de Nico. Pero Nico no contestó la pregunta. No dijo nada. Solamente miró muy bien los ojos de Liliana. En ese momento hizo un descubrimiento aterrador. No vio a Liliana, a la chica que había conocido. No vio nada en sus ojos. Era como si ella fuera una persona sin alma; una persona vacía. Nico estaba cara a cara con ella. Salomé y Camilo no comprendieron la situación. Desde que le dijeron a Nico el nombre que repetía, Nico tenía un aire muy misterioso.

–¿Quién es Adium? –preguntó Camilo.

Nico no le respondió inmediatamente.

–… Adium no es una persona. Es una expresión en mi idioma. Significa «**borrón y cuenta nueva**[64]»–dijo Nico, mirando aún más intensamente los ojos de Liliana.

–Puede ser que ella la hubiera escuchado mientras estaba en el laboratorio. Todavía no se sabe lo que le había pasado –dijo Camilo intentando comprender la situación.

---

[64]borrón y cuenta nueva= rebirth; fresh start

—Puede ser –dijo Nico acercándose a Liliana.
—Gracias por todo –le dijo Liliana a Nico.
En ese momento, todos se sorprendieron.
—¡Ella ha hablado! –exclamó Camilo, abrazándola. –¿Sabes quién soy?
Pero, Liliana no lo abrazó.
De repente, sus ojos cambiaron de color. Cambiaron de marrón a un verde intenso. Ella abrió la boca poco a poco para decirle algo a Nico. Al abrir la boca, salió el sonido familiar: «Acacacacaaaaa»
Salomé y Camilo se miraron, porque ellos habían identificado ese sonido.
Entonces Liliana dijo:
—¡Adium! Onu fabu sonanen progresim civilium novo.
Nico miró a Liliana. Estaba paralizado. Él comprendió el mensaje. Camilo y Salomé intentaron comprender la situación.
Nico pensó en los eventos en el laboratorio y por fin comprendió lo que estaba pasando. En ese momento, Salomé pensó en el libro y en el experimento:
—¡La cápsula! –dijo Salomé.
—¡Flavio! –exclamó Camilo.
—El experimento fue un éxito –dijo Nico.

De repente, el cielo se puso más oscuro. Apareció una nube gigante. Los chicos vieron todo desde la ventana del hospital.

Comprendieron que Liliana ya no era Liliana, sino Flavio.

«Flavio» se levantó un poco los miró a todos y les dijo: –Corran y no miren atrás. La nueva civilización está por llegar.

Estaban paralizados, mirando a Flavio hasta que Nico gritó: –¡Corran!

Y sin pensarlo dos veces salieron corriendo del hospital y no miraron hacia atrás.

Fin

Glosario

Abertura - opening
Abiertos -opened
Abrazando -hugging
Abrazaron - they hugged
Abrazar - to hug
Ábreme -open (for me)
Absortos -engrossed
Acababa- just finished
Acabar- to finish
Acabas de hablar- you just finished speaking to (someone)
Acaso- perhaps
Acercó -s/he moved closer
Acompaño- I accompany
Adentro -inside
Afuera -outside
Agarron - they grabbed
Agarró -s/he grabbed
Aléjate- step away
Alguien- someone
Allí- there, over there
Alma- soul
Alrededor- around
Amig@ -friend
Amoroso -love
Angustia -anguish, distress
Aparato -device
Aparecieran- that they appeared (subj)
Aparecieron - they appeared
Árboles- tres
Aprovechar -to take advantage of

Aquello -that, over there
Aquí- here
Armario -closet
Asesino - killer
Asma- asthma
Asombro- amazement
Asustad@- frightened
Aterrador@- terrifying
Atrás- behind
Atravesó - to pierce, go through
Aunque -even if, although
Ayudaron- they helped
Ayudar-to help
Bailamos- we danced
Baño- bathroom
Biblioteca- library
Boca- mouth
Bonit@-pretty
Bosque- forest
Brazo- arm
Buscaba -s/he was looking for
Buscamos we looked for
Buscando- looking
Buscó- s/he looked for
Cabeza -head
Caer -to fall
Caí- I fell
Caja-box
Cajones -drawer
Cama- bed
Cambiaron -they changed
Cambiaron- they changed
Cambio- change

Caminara- that s/he walked (subj)
Caminaron -they walked
Caminar- to walk
Caminó- s/he walked
Canciones- songs
Casa -house
Casualidad- coincidence
Cayó- s/he/it fell
Ceniza- ash
Cerca -near
Cerebros- brains
Cierran- that they closed
Cerró- s/he closed
Chaqueta -jacket
Chic@- girl/boy
Ciencias -science
Científic@s -scientists
Cocina- kitchen
Código- code
Compañero- partner
Compra -s/he buys
Condenad@s- condemned
Confundid@s- confused
Conmigo- with me
Conocer - to know
Conocía -s/he knew
Conociendo-knowing
Conozco- I know (someone)
Contó- s/he told
Contraseña- password
Convencer- to convince
convencid@- convinced
Convertirse- to convert
Corazón- heart
Corrieron- they ran
Corrió-s/he ran
Cosas-things
Crees- you believe
Creyó- s/he believed
Crucero- cruise
Cuaderno- notebook
Cualquier- anyone, whichever
Cuando - when
Cuánto- how much
Cuatro- four
Cubierto- covered
Cubrió- s/he covered
Cuerpo- body
Cumpleaños- birthday
Cumplir-to turn (age)
Daga- dagger
Daño- harm
Daría- I would give
Darse cuenta de que- to notice
Dar- to give
De acuerdo- agreement
Debajo- under
Deberíamos- we should
Debería s/he should
Debes- you should/must
Decía- s/he was saying
Decir- to say
Dedo -finger
Dejamos- we left, we allowed
Dejó caer -allowed to fall
Delante- in front of
Demasiado- too much
Demostrar- to demonstrate
Dentro- inside
De repente- suddenly
Desaparecido -disappeared
Desaparición - disappearance

Desayuno- breakfast
Descubrimiento -discovery
Descubrir- to discover
Descubrí- she discovered
Descubriste- you discovered
Desde- from
Desesperado- desperate
Desgraciado- jerk
desobedecí - I disobeyed
Despertó s/he woke up
despiert@- awake
Destino- destiny
Destruir-to destroy
Destruyen- they destroy
Detalles- details
Detrás- behind
Diario- diary
Dibujos- drawings
Dice- s/he says
Diciendo- saying
Dieciocho -eighteen
Dígale- tell to him/her
Diga- that s/he tells (subj)
Dije - I said
Dijeron- they said
Dijo- s/he said
Dio s/he gave
Dolor- pain
Dormido- asleep
Dormitorio -bedroom
Edad- age
Ella- she
Ellos -they
Empezaron -they started
Empezar- to start
Empezó- s/he started
Enamorad@- in love
En cambio - however

Encontraron -they found
Encontrar -to fin
Encontraste- you found
Encontró s/he found
Enseñarte- to teach you
Enviaron- they sent
Enviar- to send
Envió -s/he sent
Equipo- team
Era -s/he/it was
Eres- you are
Escaleras- stairs
Escóndete- hide!
Escondid@- hidden
Escondieron - they hid
Escondió- s/he hin
Escribe- s/he writes
Escribiendo- writing
Escribió - s/he wrote
Escucharon- they listened
Escuché- I listened
Escuchó- s/he listened, heard
Escuela- school
Esperaba- s/he was waiting for
Esperamos- we waited
Esperaron - they waited
Esperas- you wait
Espiara- that s/he spied
Espiar- to spy
Estábamos- we were
Estaba- s/he was
Estará- s/he will be
Estar- to be
Está- s/he is
Estás- you are
Estatuas- statues

Esto -this
Estoy - I am
Estrellas- stars
Estuvieron- they were
Estuvimos- we were
Exigió- s/he demanded
Extraer -to extract
Extrañ@- weird, strange
Extraterrestres- aliens
Fecha- date
Felicidad- happiness
Feliz cumpleaños- happy birthday
Fuera- that s/he was
Fueron- they went
Fuerte- strong
Fue- s/he went
Fui- I was/I went
Gabinetes- cabinets
Gato- cat
Golpeó- s/he it
Grito- a scream
Gritó -s/he screamed, yelled
Guantes -gloves
Guardar-to keep (secret)
Guerra- war
Gusta- s/he likes
Había besado- had kissed
Había caído- had fallen
Había conocido- had known
Había decidido- had decided
Había dejado- had left
Había descubierto- had discovered
Había enviado- had sent
Había escapado- had escaped
Había identificado -had identified
Había ido- had gone
Había mentido- had lied
Habíamos visto- had seen
Habían desaparecido- had disappeared
Habían tenido- had had (problems)
Había pasado- had happened
Había recordado- had remembered
Había regresado - had returned
Había robado- had stolen
Había salido- had left, had come out
Había - there was/were
Hablado- spoken
Hablando- speaking
Hablaron- they spoke
Hablar- to talk
Habló- s/he spoke
Habríamos creído
Habríamos creído- we could have believed
Hacer- to do
Hacia- toward
Haciendo -doing
Haga- s/he do (subj)
Ha habido - has been
Han sido - have been
Haría- I would do
He aprendido- I have learned
Hecho -done

He estado- I have been
Herman@- brother/sister
Hij@- son/daughter
Hizo- s/he made
Hubiéramos visto- that we had seen (subj)
Hubo- there was/were
Iba -s/he was going
Idioma- language
Incluso - even
Intentando- trying
Intentaron- they tried
Invadió- it invaded
Involucrar- involve (someone)
Ir -to go
Jamás -never
Jefe- boss
Jóvenes- young people
Juegas- you play
Juego-game
Jugaban- they were playing
Jugando- playing
Juntos-together
Lado -side
Lago-lake
Lastimé- I hurt
Lavó- s/he washed
Lees- you read
Leía- s/he was reading
Lejos- far
Lentamente- slowly
Levantó -s/he got up
Leyenda- legend
Leyendo- reading
Leyeron -they read
Leyó -s/he read
Libros- books
Llamadas- calls

Llamó- s/he called
Llegaron- they arrived
Llegó -s/he arrived
Llenísimos- very full
Llevar - to wear/ to carry
Llevemos- let's take (carry)
Llorar- to cry
Locas- crazy
Lugar- place
Mañana- morning
Manera-way
Mano- hand
Máquinas -machines
Marcado- marked/targeted
Marcados- marked
Marrón -brown
Maté- I killed
Mejorar -to improve
Mejor - better
Menos mal -thank goodness
Mensaje- message
Mentiros@- liar
Mezcla- a mix (of)
Miedo- fear
Mientras- meanwhile
Mintió -s/he lied
Mintió -s/he lied
Miraban- they were looking
Miraron- they looked at
Miró -s/he looked
Mism@ -same/him/herself
Mochila- backpack
Morder -to bite
Morir- to die
Mostrando- showing
Mostró - s/he showed
Mostró- s/he showed
Móvil- cell phone

Muert@- dead
Muerte- death
Muestra-s/he shows
Mujer- woman
Mundo- world (everyone)
Murió-s/he died
Necesita- s/he needs
Negr@- black
Nervios@- nervous
Niña- girl
Ningun@- not one
Noche anterior- last night
Nombre-name
No salgas- don't leave!
Notaron- they had noticed
Noticia- news
Notó- s/he had noticed
Novi@- girlfriend/boyfriend
Nube- cloud
Nuestr@-our
Nuev@- new
Nunca- never
Obedecer -to obey
Obtener- to obtain
Occurió- occurred
Oír -to hear
Ojalá - let's hope
Ojos- eyes
Olor- smell
Olvidara- that s/he forgot (subj)
Oprimió - s/he pressed
Origen- origin
Oscur@- dark
Otr@-other
Padres- parents
Palabras-words
Pan-bread
Pantalones- pants

Para -for
Parar- to stop
Parecía- s/he/it seemed
Pasó- it happened
Patrullando- patrolling
Pecho- chest
Pedía -s/he was asking
Pega- s/he hit
Pelea- fight
Peleara- that s/he fought
Peligro- danger
Pensé- I thought
Pensó- s/he thought
Pérdida -loss
Perdóname- forgive me
Perdón-forgiveness
Permitieran -that they were allowed to (do something)
Persecución- chase
Personaje- character
Pesadilla- nightmare
Piensas- you think
Pieza- piece
Piso- floor
Pobre- poor
Poco- little
Podemos- we can
Poder- power
Podía- s/he could
Podría- s/he might
Poner- to put
Poniendo- putting
Porque- because
Preguntó -s/he asked
Preocupad@- worried
preocupad@- worried
Preocupantes- worrisome
Presta (atención)- Pay attention

Primer- first
Propios-own
Pudiera -that s/he could
Pudieron - they could
Pudo- s/he could
Pueblo- town
Puede- s/he can
Puerta- door
Punto- point
Pusieron- they placed
Puso s/he put
Quédate- stay here
Queríamos- we wanted
Quería- s/he wanted
Querida- dear
Queso- cheese
Qué- what
Quien- who
Quiere- s/he wants
Quiero- I want
¡Quieto!- stop
Quitaba- s/he took off
Razón- reason
Recipricó - s/he reciprocated
Recogió s/he picked up
Recordar- to remember
Recordé- I remembered
Recuerdo- I remember
Redes sociales- social media
Redonda- round
Regresamos- we returned
Regresaron- they returned
Regresé- I returned
Respirar- to breathe
Respiró -s/he breathed
Respuesta- answer
Reunámonos- let's meet

Rio- s/he laughed
Robar- to steal
Ropa - clothing
Ruido- noise
Ruta- route
Sábado- Saturday
Sabes- you know
Sabían- they knew
Sacaron- they took out
Sacó- s/he took out
Sala- room
Salida- exit
Salieron - they left
Salieron- they left
Salió- s/he left
Salió- s/he left
Salir - to leave
Salón- room
Sangre- blood
Se dieron cuenta- they realized, noticed
Segundo- second
Seguro- sure
Semana-week
Señales vitales- vital signs
sentad@s- seated
Sentaron- they sat down
Sentía- s/he was feeling, felt
Se quedaron- they stayed
Se quedó- s/he stayed
Seres humanos- human beings
Ser - to be
Ser- to be
Siguiente -next
Sino- rather
Sin -without
Sobre- about

Sobreviviéramos -that we had survived
Socio - partner
Sonaron- the (machines) sounded off
Sonidos- sounds
Sonreía- s/he smiled
Sonrió- s/he smiled
Son -they are
Sorprendente- surpising
Sorprendieron- they were surprised
Sorprendió- s/he was surprised
Sorpresa- surprise
Sospechos@- suspicious
Sótano- basement
Subía -s/he went up, uploaded
Subimos- we go up
Sueño- dream
Suerte -luck
Sujetos- subjects (people)
Supimos- we knew
Suponían- they supposed
Tal vez -perhaps
También- also
tant@s- so many
Tarjetas -cards
Temblando- trembling
Temerosa- fearful
Temprano- early
Tendrás- you will have
Tengo- I have
Tenían- they had
Tenía- s/he/I had
Tercera- third
Terminamos- we finished
Terminar- to finish

Testigos- witnesses
Tienes- you have
Tierra- earth
Tocar -to touch
Tod@s- all, everyone, everything
Todavía- still
Tomando- taking
Tomaron- they took
(no)Toques- don't touch
Trabajamos- we work
Trabajando- working
Trabajar- to work
Traición- betrayal
Triste- sad
Tuve- I had
Tuvieron- they had to
Tuvimos- we had
Únic@- unique
Usted - you
Vamos- let's go, we go
Van- they go
Va- s/he goes
Ve- go
Veía - s/he was looking
Ven- come here
Venía -s/he was approaching (someone/ something)
Venir- to come, to approach
Ventana- window
Verdaderos- true, reliable
Verdad - truth
Verde- green
Ver-to see
Vez- occasion
Vida- life
Viejo- old

Viendo- seeing
Vieron- they saw
Vine- I came
Vio - s/he saw
Viste- you saw
Vivíamos- we used to live
Vivían- they lived
Viviera- that s/he lived
Volvieron- they returned
Voy - I go
Voz- voice
Vuelto - returned